出版说明

　　中国法制出版社一直致力于出版适合大众需求的法律图书。为了帮助读者准确理解与适用法律，我社于 2008 年 9 月推出"法律注解与配套丛书"，深受广大读者的认同与喜爱，此后推出的第二、三、四、五版也持续热销。为了更好地服务读者，及时反映国家最新立法动态及法律文件的多次清理结果，我社决定推出"法律注解与配套丛书"（第六版）。

　　本丛书具有以下特点：

　　1. 由相关领域的具有丰富实践经验和学术素养的法律专业人士撰写适用导引，对相关法律领域作提纲挈领的说明，重点提示立法动态及适用重点、难点。

　　2. 对主体法中的重点法条及专业术语进行注解，帮助读者把握立法精神，理解条文含义。

　　3. 根据司法实践提炼疑难问题，由相关专家运用法律规定及原理进行权威解答。

　　4. 在主体法律文件之后择要收录与其实施相关的配套规定，便于读者查找、应用。

　　此外，为了凸显丛书简约、实用的特色，分册根据需要附上实用图表、办事流程等，方便读者查阅使用。

　　真诚希望本丛书的出版能给您在法律的应用上带来帮助和便利，同时也恳请广大读者对书中存在的不足之处提出批评和建议。

中国法制出版社

2023 年 11 月

适 用 导 引

《中华人民共和国企业破产法》于 2006 年 8 月 27 日第十届全国人大常委会第 23 次会议审议并表决通过。作为我国市场经济体制改革过程中具有标志性的一部法律，该法从 1994 年开始起草，历时 12 年，经过多次修改，两年三次审议最终得以通过。与旧破产法相比，《企业破产法》亮点主要体现在以下几个方面：

第一，修改了关于破产原因的规定。新法打破了旧法对于不同性质的企业法人适用不同破产原因的格局，对所有的企业法人适用统一的破产原因。

第二，增加了关于金融机构破产的原则性规定。即中国金融监管机构可以根据情况向人民法院提出金融机构破产重整或者破产清算的申请，也可以向人民法院申请中止金融机构的破产程序。

第三，增加了关于域外效力的规定。主要表现在两个方面：（1）依照我国《企业破产法》开始的破产程序，效力及于债务人在中华人民共和国境外的财产；（2）对外国法院作出的发生法律效力的破产案件的判决、裁定，涉及债务人在中华人民共和国领域内的财产，申请或者请求人民法院承认和执行的，人民法院依照中华人民共和国缔结或者参加的国际条约，或者按照互惠原则进行审查，认为不违反中华人民共和国法律的基本原则，不损害国家主权、安全和社会公共利益，不损害中华人民共和国领域内债权人的合法权益的，裁定承认和执行。

第四，增加了管理人制度。旧法没有设立管理人制度，管理人的职权由清算组承担，这种规定造成了人民法院受理破产案件后到作出破产宣告之前这段时间债务人财产处于无人管理的空白状态，不利于债权人利益的保护。为了弥补上述不足，新法增设

1

了管理人制度，详细规定了管理人的各项内容。

第五，区别规定了破产申请受理前债务人行为的撤销制度和无效制度，将债务人的撤销行为从旧法的无效行为中独立出来。旧法没有区分破产申请受理前债务人行为的无效和撤销制度，同时对于破产程序中行为无效（撤销）的期间规定得太短，不利于保护债权人的利益。

第六，增加了债权人委员会制度。旧法仅规定了债权人会议是破产程序债权人的自治机关，没有规定债权人委员会制度。债权人会议是通过会议的召集、召开和与会债权人的表决来实现其决策和监督的职能，然而，由于债权人会议成员人数众多、分布广泛，难以甚至不能对破产程序过程进行事无巨细地监督和参与。因此，在债权人会议之外设置债权人委员会这样的常设性机构，以代行债权人会议的部分职能便成为必要。

第七，增加了重整制度。随着世界各国破产法的理念从以前的破产清算到现在的破产清算和破产预防并存的转化，旧法的整顿制度已经与我国现代破产法理念的形成相背离。为此，《企业破产法》专章设立了适用于所有企业法人的重整制度，并将其作为一个独立的破产预防程序。

第八，厘清了劳动债权和担保债权的关系，采取"新老划断"的立法安排。《企业破产法》实施后，破产人在该法公布之日前所欠职工的工资和医疗、伤残补助、抚恤费用，所欠的应当划入职工个人账户的基本养老保险、基本医疗保险费用，以及法律、行政法规规定应当支付给职工的补偿金，破产人无担保财产不足清偿上述劳动债权的，应当从有担保的财产中清偿；破产人在新法公布后所欠的上述劳动债权，则不能优先于破产人的担保债权，只能从破产人的无担保财产中清偿。新法的这一规定，既解决了历史遗留难题，又统一了立法指导思想，凸显了该法的立法宗旨。

目　　录

第二章 申请和受理

第一节 申 请

第二节 受 理

第三章　管　理　人

第五章　破产费用和共益债务

第六章　债　权　申　报

第七章 债权人会议

第一节 一 般 规 定

第二节 债权人委员会

第八章　重　　整

第一节　重整申请和重整期间

第二节　重整计划的制定和批准

第十章　破　产　清　算

第一节　破　产　宣　告

第二节　变价和分配

第三节　破产程序的终结

第十一章　法　律　责　任

11

　＊ 该规定与《企业破产法》有冲突的，以后者为准。

中华人民共和国企业破产法

（2006 年 8 月 27 日第十届全国人民代表大会常务委员会第二十三次会议通过　2006 年 8 月 27 日中华人民共和国主席令第 54 号公布　自 2007 年 6 月 1 日起施行）

第一章　总　　则

第一条　【立法宗旨】* 为规范企业破产程序，公平清理债权债务，保护债权人和债务人的合法权益，维护社会主义市场经济秩序，制定本法。

第二条　【清理债务与重整】 企业法人不能清偿到期债务，并且资产不足以清偿全部债务或者明显缺乏清偿能力的，依照本法规定清理债务。

企业法人有前款规定情形，或者有明显丧失清偿能力可能的，可以依照本法规定进行重整。

注解

本法适用范围为企业法人。为缓解其他非法人型企业和社会组织的破产无法可依的问题，《企业破产法》第 135 条规定："其他法律规定企业法人以外的组织的清算，属于破产清算的，参照适用本法规定的程序。"《中华人民共和国合伙企业法》（以下简称《合伙企业法》）第 92 条规定："合伙企业不能清偿到期债务的，债权人可以依法向人民法院提出破产清算申请，也可以要求普通合伙人清偿。合伙企业依法被宣告破产的，普通合伙人对合伙企

---

*　条文主旨为编者所加，下同。

业债务仍应承担无限连带责任。"据此，合伙企业的破产应当参照适用《企业破产法》规定的程序。但由于合伙企业的破产与法人型企业的破产存在一些不同之处，如因普通合伙人对合伙企业债务承担无限连带责任，所以，破产原因不应采用资不抵债的概念。

应 用

1. 什么情况下可以对企业清理债务或进行重整？

《企业破产法》关于破产界限，规定了可供选择的两个原因：一是从我国的实际出发，规定企业不能清偿到期债务，并且资不抵债，两个条件同时具备才构成破产原因；二是参考了国外通行的规定，即企业法人"明显缺乏清偿能力的"，其实质就是指企业不能清偿到期债务，即构成破产原因。这样两个原因，可供债权人和债务人选择。作为债权人来说，只要企业不能清偿到期任务，就可以向法院申请债务人破产，没有必要去了解企业是否资不抵债，这样可以促使债务人及时清偿债务，有助于保护债权人的利益。而对于债务人来说，只有在企业不能清偿到期债务，并且资不抵债时，才会申请自己破产。

但是，达到破产界限的企业，并不一定马上被宣告破产，可以依照本法第八章规定的程序进行重整，以使企业起死回生。重整作为企业破产的一个程序，是指具有一定规模的企业出现破产原因，为防止企业破产，经企业债权人或者债务人向法院申请，对该企业实施强制治理，以使有复苏希望的企业，通过重整程序，避免破产清算的法律制度。企业被申请破产有的是一时周转不开，有的是经营不善，有的是决策不当。为了防止企业破产，拯救因一时困难而陷入破产境地的企业，对企业进行重整，这对于企业法人，尤其是国有企业的改革是有积极意义的。

2. 关联企业实质合并破产重整应如何进行？

当事人申请对关联企业合并破产的，人民法院应当对合并破产的必要性、正当性进行审查。关联企业成员的破产应当以适用单个破产程序为原则，在关联企业成员之间出现法人人格高度混同、区分各关联企业成员财产成本过高、严重损害债权人公平清偿利益的情况下，可以依申请例外适用关联企业实质合并破产方式进行审理。（最高人民法院指导案例163号：江苏省纺织工业（集团）进出口有限公司及其五家子公司实质合并破产重整案）

《企业破产法》第133—135条；《中华人民共和国商业银行法》第71条；《中华人民共和国保险法》第90条；《中华人民共和国公司法》（以下简称《公司法》）第190条；《最高人民法院关于审理企业破产案件若干问题的规定》第31条

第三条　【破产案件的管辖】破产案件由债务人住所地人民法院管辖。

破产案件的管辖是指各级人民法院和同级人民法院之间受理破产案件的分工和权限。

本法规定破产案件的管辖以债务人住所地的人民法院管辖为原则，这对于保证破产程序的顺利进行，具有重要意义：第一，由债务人住所地的人民法院管辖，便于法院及时了解债务人的情况。因为，一般来说，债务人住所地也是债务人主要财产的所在地和债务人经营活动的主要发生地。第二，由债务人住所地的人民法院管辖，有利于全体债权人公平参加破产程序。由债务人住所地的法院管辖，向债务人住所地的法院进行债权申报，并出席债权人会议，对所有的债权人而言，机会都是均等的、公平的。若由提出破产申请的债权人住所地的法院进行案件的管辖，或由其他地区的法院管辖，必然会造成债权人之间机会的不均等、不公平。第三，由债务人住所地的人民法院管辖，可以有效防止债权人滥用其破产申请权以损害债务人的合法权益。确定由债务人住所地的法院管辖，考虑到时间、费用、精力等因素，债权人在行使其破产申请权时会谨慎行事。

3. 企业破产案件应由哪个法院管辖？

破产案件由债务人住所地人民法院管辖，这与《民事诉讼法》的管辖不完全相同。这要解决两个问题，一是什么是住所地，二是由住所地哪一级的法院管辖。债务人住所地指债务人的主要办事机构所在地。债务人无办事机构的，由其注册地人民法院管辖。破产案件由住所地的法院管辖，但我国的法院设置有四级，依据最高人民法院《关于审理企业破产案件若干问题的规定》，基层人民法院一般管辖县、县级市或者区的工商行政管理机关核准登记企业的破产案件；中级人民法院一般管辖地区、地级市（含本级）以上的工商行政管理机关核准登记企业的破产案件；纳入国家计划调整的企业破产案件，由中级人民法院管辖。

另外，依据《民事诉讼法》第39条的规定，上级人民法院有权审理下级人民法院管辖的企业破产案件，确有必要将本院管辖的企业破产案件移交下级人民法院审理，应当报请上级人民法院批准。下级人民法院需要将自己管辖的企业破产案件交由上级人民法院审理的，可以报请上级人民法院审理。省、自治区、直辖市范围内因特殊情况需对个别企业破产案件的地域管辖作调整的，须经共同上级人民法院批准。

`配 套`

《最高人民法院关于审理企业破产案件若干问题的规定》第1—3条

第四条 【程序的法律适用】破产案件审理程序，本法没有规定的，适用民事诉讼法的有关规定。

`应 用`

4. 进入执行程序但未在破产程序中申报的债权的情形下的程序救济

针对终结本次执行程序的债权人，由于未被通知其申报债权而导致其未在破产重整程序中行使债权的情形，《中华人民共和国企业破产法》未规定其债权保护和救济方式，但是根据该法第四条的规定，可以补充适用民事诉讼法有关规定、原则来处理。《中华人民共和国民事诉讼法》第八条规定，人民法院审理民事案件应当保障和便利当事人行使诉讼权利，故对于进入执行程序的债权人权利保护而言，执行工作在确定债权人行使权利的方式上亦应当注意保障和便利其依法行使权利。本案原审理破产重整案件的合议庭由于破产重整计划执行完毕，已经完成破产重整任务，往往以该破产案件结案处理；而破产管理人也由于破产重整计划执行完毕，其管理人任务已经完成，已不再具有相应职权。故向破产法院审判合议庭或者破产管理人请求行使权利，显然已经并无救济上的程序途径。在此情况下，强行要求债权人向原破产合议庭或破产管理人主张行使权利，则无异于徒然增加当事人行使权利的程序成本，而不会使其实体权益诉求得以实现。相反，案涉未清偿的债权在重整计划执行完毕后由执行法院通过恢复执行程序，按照《重整计划》所规定的债权清偿方式和比例予以保护，可使得债权人的权利得以直接实现，提高保护债权人利益的效率。（《最高人民法院公报》2023 年第 7 期：国家开发银行河南省分行申请执行监督案）

第五条　【破产程序的效力】依照本法开始的破产程序，对债务人在中华人民共和国领域外的财产发生效力。

对外国法院作出的发生法律效力的破产案件的判决、裁定，涉及债务人在中华人民共和国领域内的财产，申请或者请求人民法院承认和执行的，人民法院依照中华人民共和国缔结或者参加的国际条约，或者按照互惠原则进行审查，认为不违反中华人民共和国法律的基本原则，不损害国家主权、安全和社会公共利益，不损害中华人民共和国领域内债权人的合法权益的，裁定承认和执行。

注解

1. 对债务人境外财产的效力

《企业破产法》对此做出了新的规定，即依照该法开始的破产程序，对债务人在中华人民共和国领域外的财产发生效力。这一规定体现了普遍性原则，即一个破产程序的效力及于债务人全世界范围内的财产。需要注意的是，虽然我国立法承认了我国破产程序具有域外效力，但这只是单方面的，最终的实现要取决于财产所在国或地区对该破产程序的承认与协助。

2. 外国破产程序对国内债务人境内财产的效力

根据《企业破产法》规定，外国法院作出的发生法律效力的破产案件的判决、裁定，涉及债务人在中华人民共和国领域内的财产，可以申请或者请求人民法院承认和执行。结合《民事诉讼法》的有关规定，申请我国法院在承认与协助外国破产程序时，应符合如下规定：（1）申请人：有资格向中国法院提出承认与协助要求的申请人，应为外国破产指定的破产管理人，或者审理该破产案件的外国法院。（2）受理法院：申请人应直接向我国有管辖权的中级人民法院申请承认和执行。（3）承认与协助外国破产的条件：从程序上讲，我国法院对申请或请求承认和执行的外国法院作出的发生效力的判决、裁决，按照我国参加或缔结的国际条约或者按照互惠原则进行审查后，认为不违反我国法律的基本准则或者国家主权、安全、社会公共利益的，裁定承认其效力，需要执行的，发出执行令，并且依照《民事诉讼法》的有关规定执行。违反我国法律的基本准则或者国家主权、安全、社会公共利益的，不予承认和执行。

第六条　【企业职工权益的保障与企业经营管理人员法律责任的追究】人民法院审理破产案件，应当依法保障企业职工的合法权益，依法追究破产企业经营管理人员的法律责任。

注解

破产案件的审理，法院除了要遵循《民事诉讼法》的一般原则外，还需要遵循一些《企业破产法》的特有原则。本条规定了两个特殊原则，依法保障企业职工合法权益的原则和依法追究破产企业经营管理人员法律责任的原则。

配套

《企业破产法》第109、113、132条；《最高人民法院关于审理企业破产案件若干问题的规定》第57、82条；《中华人民共和国工会法》第47条

第二章　申请和受理

第一节　申　　请

第七条　【申请主体】债务人有本法第二条规定的情形，可以向人民法院提出重整、和解或者破产清算申请。

债务人不能清偿到期债务，债权人可以向人民法院提出对债务人进行重整或者破产清算的申请。

企业法人已解散但未清算或者未清算完毕，资产不足以清偿债务的，依法负有清算责任的人应当向人民法院申请破产清算。

本条是关于破产申请主体的规定，即哪些主体可以向法院提出债务人的破产申请。破产申请，是指有权申请破产的人基于法定的事实和理由向有管辖权的法院请求对债务人进行重整、和解或者破产清算的意思表示。我国在破产程序的启动方面采取的是申请主义，破产申请是引起破产程序的绝对条件，没有相应主体的破产申请，法院不得自行依职权开始破产程序。

5. 哪些人可以申请企业破产？

1. 债权人提出重整或者破产清算的申请。本条第 2 款规定，债务人不能清偿到期债务，债权人可以向人民法院提出对债务人进行重整或者破产清算的申请。债权人提出破产申请的条件比较简单，债务人不能清偿到期债务，债权人可以向法院提出破产申请。《企业破产法》要解决的是欠账不还的问题，对债权人来说，可以不考虑债务人有何原因，只要债务人不能偿还到期债务，债权人就有权申请债务人破产，以此来督促债务人按时履行债务，保证交易活动正常进行。根据《最高人民法院关于债权人对人员下落不明或者财产状况不清的债务人申请破产清算案件如何处理的批复》（法释〔2008〕10 号），债权人对人员下落不明或者财产状况不清的债务人申请破产清算，符合企业破产法规定的，人民法院应依法予以受理。债务人能否依据企业破产法第 11 条第 2 款的规定向人民法院提交财产状况说明、债权债务清册等相关材料，并不影响对债权人申请的受理。人民法院受理上述破产案件后，应当依据企业破产法的有关规定指定管理人追收债务人财产；经依法清算，债务人确无财产可供分配的，应当宣告债务人破产并终结破产程序；破产程序终结后二年内发现有依法应当追回的财产或者有应当供分配的其他财产的，债权人可以请求人民法院追加分配。债务人的有关人员不履行法定义务，人民法院可依据有关法律规定追究其相应法律责任；其行为导致无法清算或者造成损失，有关权利人起诉请求其承担相应民事责任的，人民法院应依法予以支持。

2. 债务人提出重整、和解或者破产清算的申请。债务人申请破产的，通常应同时具备不能清偿到期债务和资产不足以清偿全部债务两个条件。一般情况下，债务人是不愿意破产的，如果仅仅是不能偿还到期债务，但资产大于负债，可以通过处理部分资产来还债，只有在全部资产不足以清偿债务时，债务人为了解脱自己，或者寻求破产保护，才有可能申请破产。

3. 依法负有清算责任的人提出破产清算的申请。公司法、三资企业法、有关城镇集体企业方面的法规，规定企业法人解散应当进行清算。企业法人解散有多种情况，有的是依照章程规定的经营期限到期解散；有的是经出资人同意解散；有的是因企业合并或者分立需要而解散；有的是依法被撤销；有的是因企业法人违法被关闭而解散。不论企业法人因何种原因解散，都要有清算人员来清理债权债务。如果未清算或者未清算完毕，发现资产不足以清偿债务的，负有清算责任的人应当向法院申请破产清算。

配套
《公司法》第 187 条

第八条　【破产申请书与证据】向人民法院提出破产申请，应当提交破产申请书和有关证据。

破产申请书应当载明下列事项：

（一）申请人、被申请人的基本情况；

（二）申请目的；

（三）申请的事实和理由；

（四）人民法院认为应当载明的其他事项。

债务人提出申请的，还应当向人民法院提交财产状况说明、债务清册、债权清册、有关财务会计报告、职工安置预案以及职工工资的支付和社会保险费用的缴纳情况。

注解
债权人和债务人提出破产申请时，都应当提交破产申请书和有关证据。破产申请书应当载明下列事项：（1）申请人、被申请人的基本情况。申请人为债权人或者债务人，被申请人为不能清偿到期债务的债务人。要分别写明申请人和被申请人的名称或姓名、地址或住址、法定代表人的姓名、职务。（2）申请目的。申请目的为申请人申请法院宣告债务人破产或者进行重整。（3）申请的事实和理由。申请的事实和理由为债务人不能清偿到期债务的事实和申请对其进行破产宣告或者重整的理由。（4）人民法院认为应当载明的其他事项。一般是指证据材料的名录、类别、份数，申请人签名以及申请日期等。

债务人在申请法院对自己宣告破产或者进行重整时，除了提交上述破产申请书和有关证据外，还应当向人民法院提交财产状况说明、债务清册、债权清册、有关财务会计报告、职工安置预案以及职工工资的支付和社会保险费用的缴纳情况。法律之所以作出这样的规定，是因为债权人申请债务人破产或者重整，不同于债务人自己提出申请，债权人有时对债务人的全部情况并不十分了解，其所了解的可能仅限于债务人对于自己的负债情况；而与之不同的是，债务人对于自己的资产及其负债情况应当是非常清楚的，因此，要求债务人在提出破产申请时提交其财产状况说明、债务清册、债权清册、有关财务会计报告、职工安置预案以及职工工资的支付和社会保险费用的缴纳情况，这是必要的也是可行的。这样在实务中有利于法院对其破产或者重整申请进行审查，以判断其是否具备了破产原因。

应　用

6. 债权人向人民法院提出破产申请时，需要提交哪些材料？

债权人在提出破产申请时，一般需要向法院提交如下材料：

（1）破产申请书。内容包括：①申请人和被申请人；②申请目的；③申请的事实和理由；④人民法院认为应当记载的其他事项。

（2）法定代表人身份证明书。如果债权人是法人单位的话，应当提交债权人的法定代表人的身份证明书，即证明谁是该申请单位的法定代表人的有关材料。

（3）授权委托书。如果债权人委托他人办理破产申请手续的，应当提交授权委托书，注明被委托人的姓名、身份以及授权范围等。

（4）债权存在以及债务人不能按时清偿债务的证据。根据《关于审理企业破产案件若干问题的规定》第7条的规定，债权人在向法院提出破产申请时，必须提供相应的证据，主要是指：债权发生的事实与证据；债权性质、数额、有无担保，并附证据；债务人不能清偿到期债务的证据。在证明债务人不能清偿到期债务时，债权人对于债务人企业的整体财务状况是不清楚的，因此，只需要证明其债权清偿期限已经届满、债权人已经提出清偿要求、债务人明显缺乏清偿能力或者停止支付呈现出连续状态即可。如，债权人提出合同、借据等，如果已经过人民法院判决或者调解的，则需要提交已经发生法律效力的判决书或者调解书。

7. 债务人向人民法院提出破产申请时，需要提交哪些材料?

债务人在提出破产申请时，一般需要向法院提交如下材料:

(1) 书面破产申请; (2) 企业法人主体资格证明; (3) 法定代表人与主要负责人员的名单; (4) 企业职工情况和安置预案; (5) 企业亏损情况的书面说明，并附审计报告; (6) 企业至破产申请日的资产状况明细表，包括有形资产、无形资产和企业投资情况等; (7) 企业在金融机构开设帐户的详细情况，包括开户审批材料、帐号、资金等; (8) 企业债权情况表，列明企业的债务人名称、住所、债务数额、发生时间和催讨偿还情况; (9) 企业债务情况表，列明企业的债权人名称、住所、债权数额、发生时间; (10) 企业涉及的担保情况; (11) 企业已发生的诉讼情况; (12) 人民法院认为应当提交的其他材料。

配套

《最高人民法院关于审理企业破产案件若干问题的规定》第6、7条。

第九条　【破产申请的撤回】 人民法院受理破产申请前，申请人可以请求撤回申请。

配套

《民事诉讼法》第148条;《最高人民法院关于审理企业破产案件若干问题的规定》第11条

第二节　受　　理

第十条　【破产申请的受理】 债权人提出破产申请的，人民法院应当自收到申请之日起五日内通知债务人。债务人对申请有异议的，应当自收到人民法院的通知之日起七日内向人民法院提出。人民法院应当自异议期满之日起十日内裁定是否受理。

除前款规定的情形外，人民法院应当自收到破产申请之日起十五日内裁定是否受理。

有特殊情况需要延长前两款规定的裁定受理期限的，经上一级人民法院批准，可以延长十五日。

注 解

对当事人提出的破产申请，法院应在法定的时间内予以审查并作出受理或者不受理的决定。

1. 收到破产申请。

如果是债务人提出的破产申请，人民法院应当自收到破产申请之日起 15 日内裁定是否受理。如果是债权人提出的破产申请，人民法院应当自收到申请之日起 5 日内通知债务人。债务人对申请有异议的，应当自收到人民法院的通知之日起 7 日内向人民法院提出。人民法院应当自异议期满之日起 10 日内裁定是否受理。有特殊情况需要延长裁定受理期限的，经上一级人民法院批准，人民法院可以延长 15 日。

2. 作出是否受理决定。

人民法院决定受理的，应当自裁定作出之日起 5 日内送达申请人。如果是债权人提出申请的，人民法院应当自裁定作出之日起 5 日内送达债务人。债务人应当自裁定送达之日起 15 日内，向人民法院提交财产状况说明、债务清册、债权清册、有关财务会计报告以及职工安置预案、职工工资的支付和社会保险费用的缴纳情况。人民法院应当自裁定受理破产申请之日起 25 日内通知已知债权人，并予以公告。人民法院决定不予受理的，应当自裁定作出之日起 5 日内送达申请人并说明理由。申请人对裁定不服的，可以自裁定送达之日起 10 日内向上一级人民法院提起上诉。

应 用

8. 债权人对人员下落不明或者财产状况不清的债务人申请破产清算案件如何处理？

根据最高人民法院对贵州省高级人民法院的请示所作的《关于债权人对人员下落不明或者财产状况不清的债务人申请破产清算案件如何处理的批复》的规定，债权人对人员下落不明或者财产状况不清的债务人申请破产清算，符合企业破产法规定的，人民法院应依法予以受理。

至于债务人能否依据《企业破产法》第11条第2款的规定向法院提交财产状况说明、债权债务清册等相关材料，并不影响对债权人申请的受理。人民法院受理上述破产案件后，应当依据《企业破产法》的有关规定指定管理人追收债务人财产；经依法清算，债务人确无财产可供分配的，应当宣告债务人破产并终结破产程序；破产程序终结后二年内发现有依法应当追回的财产或者有应当供分配的其他财产的，债权人可以请求法院追加分配。债务人的有关人员不履行法定义务，人民法院可依法追究其法律责任，其行为导致无法清算或造成损失，有关权利人起诉请求其承担相应民事责任的，法院应依法予以支持。

配套

《企业破产法》第11、12、14条；《最高人民法院关于审理企业破产案件若干问题的规定》第8、9条；《最高人民法院关于债权人对人员下落不明或者财产状况不清的债务人申请破产清算案件如何处理的批复》

第十一条 **【裁定受理与债务人提交材料】**人民法院受理破产申请的，应当自裁定作出之日起五日内送达申请人。

债权人提出申请的，人民法院应当自裁定作出之日起五日内送达债务人。债务人应当自裁定送达之日起十五日内，向人民法院提交财产状况说明、债务清册、债权清册、有关财务会计报告以及职工工资的支付和社会保险费用的缴纳情况。

应用

9. 债权人提出破产申请后，债务人应当提供哪些材料？

无论是债权人还是债务人提出破产申请，法院经审查，符合破产界限的，应当裁定受理。如果是债权人提出的，法院裁定受理后的5日内将裁定送达债务人，债务人应当自收到裁定之日起15日内，向法院提交财产状况说明、债务清册、债权清册、有关的财务会计报告，以及职工工资的支付和社会保险费用的缴纳情况。

法院裁定受理破产申请后，除要求债务人提供相关情况外，还要在25日内通知已知的债权人，并发布公告。破产程序的目的是保护全体债权人的利益，除了通知已知的债权人外，对未知的债权人，应当以公告方式告知。

配 套

《最高人民法院关于审理企业破产案件若干问题的规定》第 10 条

第十二条 **【裁定不受理与驳回申请】**人民法院裁定不受理破产申请的，应当自裁定作出之日起五日内送达申请人并说明理由。申请人对裁定不服的，可以自裁定送达之日起十日内向上一级人民法院提起上诉。

人民法院受理破产申请后至破产宣告前，经审查发现债务人不符合本法第二条规定情形的，可以裁定驳回申请。申请人对裁定不服的，可以自裁定送达之日起十日内向上一级人民法院提起上诉。

应 用

10. 破产申请被裁定不予受理或驳回申请怎么办？

对于破产申请，法院要对债权的数额、性质、起因等进行审查，要了解债务人的财务状况，经营状况，以及企业的资信如何。经过调查了解，对于不属于本法第 2 条规定的破产界限的，裁定不受理破产申请。有时，法院在法定时间内作出了受理的裁定，但法院受理破产申请后，经审查发现债务人不符合破产界限的，这时应当裁定驳回申请。申请人对裁定不受理破产申请、对裁定驳回申请不服的，可以在 10 日内向上一级人民法院提起上诉。因为受理申请与否，对于债权人来说，涉及到其债权能否得到实现，对于债务人来说，更是生死攸关。法律规定对于不受理和驳回申请的裁定，可以上诉，有利于保障债权人和债务人的合法权利。

破产申请在破产程序中对于保护债权人和债务人的利益，减少经济损失，有着重要作用。但是，要防止债权人利用债务人惧怕破产宣告的心理，在债权无法获得清偿时，以向法院提出破产申请来要挟债务人，滥用破产申请权。本法第 10 条规定，法院在收到破产申请之日起 15 日内裁定是否受理，就是给法院一个调查了解的时间，看企业为何不能偿还到期债务，并且规定，15 日不够，需要延长，经上级法院批准，可以延长 15 日，再加上裁定驳回申请的规定，有利于防止滥用破产申请权。

配套

《最高人民法院关于审理企业破产案件若干问题的规定》第 9、12—14 条

第十三条　【指定管理人】 人民法院裁定受理破产申请的，应当同时指定管理人。

注解

管理人是在人民法院受理申请人的破产申请进入破产程序以后，根据法院的指定而负责债务人财产的管理、处分、业务经营以及破产方案的拟定和执行的专门人员。其主要职责包括：接管债务人的财产，负责登记债权，接受对债务人的债权的履行，回收债务人的财产，就有关财产纠纷代表债务人参加诉讼，对破产财产进行变价和分配等工作。在整个破产程序中，管理人始终处于中心地位，破产程序能否顺利进行，在很大程度上取决于管理人的设置是否合理，以及管理人是否认真地履行了职责。

配套

《最高人民法院关于审理企业破产案件指定管理人的规定》

第十四条　【通知债权人与公告】 人民法院应当自裁定受理破产申请之日起二十五日内通知已知债权人，并予以公告。

通知和公告应当载明下列事项：

（一）申请人、被申请人的名称或者姓名；

（二）人民法院受理破产申请的时间；

（三）申报债权的期限、地点和注意事项；

（四）管理人的名称或者姓名及其处理事务的地址；

（五）债务人的债务人或者财产持有人应当向管理人清偿债务或者交付财产的要求；

（六）第一次债权人会议召开的时间和地点；

（七）人民法院认为应当通知和公告的其他事项。

注解

本条是关于人民法院受理破产申请后的通知和公告义务的规定。人民法

院裁定受理破产申请后，应当及时通知已知的债权人，并在全社会范围内予以公告。

通知和公告，是指人民法院依法定程序和方式，向债务人的债权人以及其他利害关系人送达破产申请已经受理的一种司法行为。通知的意义在于，人民法院以书面形式告知破产案件中已知债权人已经开始破产程序的事实和有关事项；公告的意义在于法院以布告或者登报的方式，向全社会不特定的人公开告知已受理有关债务人的破产申请启动破产程序的有关事项，告知无法通知的债权人、未知的债权人以及其他利害关系人已开始破产程序的事实和有关事项。

第十五条　【债务人的有关人员的义务】自人民法院受理破产申请的裁定送达债务人之日起至破产程序终结之日，债务人的有关人员承担下列义务：

（一）妥善保管其占有和管理的财产、印章和账簿、文书等资料；

（二）根据人民法院、管理人的要求进行工作，并如实回答询问；

（三）列席债权人会议并如实回答债权人的询问；

（四）未经人民法院许可，不得离开住所地；

（五）不得新任其他企业的董事、监事、高级管理人员。

前款所称有关人员，是指企业的法定代表人；经人民法院决定，可以包括企业的财务管理人员和其他经营管理人员。

应用

11. 人民法院受理破产申请的裁定送达债务人之日至破产程序终结之日，债务人的有关人员承担什么义务？

企业被申请破产，企业法人的法定代表人，在法院受理破产申请至破产宣告期间，负有法定义务；法院也可以根据企业的情况，决定企业的财务管理人员和主要业务人员也同法定代表人一样负有义务。这些义务主要有：

（1）债务人应当在收到受理破产裁定之日起15日内向法院提交企业财产状况说明，债权债务清册、财务会计报告等文件，并按公告通知的时间、地点列席第一次债权人会议。

（2）债务人应当妥善保管其占用和管理的所有财产、印章和账册、文书等资料。虽然本法第13条规定，法院裁定受理破产申请的，应当同时指定管理人，但从法院指定管理人到管理人接管企业，其间有一段时间企业仍在债务人的掌管之中，本法第15条规定债务人负有妥善保管财产和账册等资料的义务，对于保证管理人接管企业，掌握企业的财产和财务账册，进而决定企业的命运是很重要的。

（3）根据法院、管理人的要求进行工作，如实回答询问；列席债权人会议并如实回答债权人的询问。破产申请受理后，法院介入破产企业，管理人开始掌握企业，为了进行生产经营，或者清理债权债务，法院或者管理人可能会了解有关情况，要求债务人进行某些工作，回答问题，债务人有义务服从。列席债权人会议时，应如实回答债权人的询问。

（4）未经法院许可，不得离开住所地。因为进入破产程序后，法院或者管理人会随时了解情况，需要债务人配合，故规定债务人未经法院许可，不得离开住所地。

（5）不得新任其他企业的董事、监事、高级管理人员。企业被申请破产，法定代表人或者财务人员等要承担何种责任，还没有查明，如果是正常的经营风险，法定代表人等尽了勤勉忠实义务，可以不被追究责任；如果不是正常的经营风险，则不仅不能新任其他企业的董事、监事、高级管理人员的问题，而且要承担相应的法律责任。

配　套

《企业破产法》第125—129条

第十六条　【债务人个别清偿的无效】 人民法院受理破产申请后，债务人对个别债权人的债务清偿无效。

注　解

债务人对个别债权人实施的债务清偿无效。法院受理破产后，并不等于企业已经被宣告破产，企业有可能取得担保，或者得到资助，具有偿还能力，从而避免被宣告破产；企业还可以经过重整，起死回生。因此，法院受理破产申请后，在管理人接管企业之前，债务人应当维持企业的正常活动，继续进行生产经营，争取企业经营状况的好转。但是，债务人不能对个别债权人清偿债务。因为，对任何债权人的清偿，都将减少破产财产的总额，损害其他债权人的利益，其清偿行为是无效的。

第十七条　【债务人的债务人或者财产持有人的义务】 人民法院受理破产申请后，债务人的债务人或者财产持有人应当向管理人清偿债务或者交付财产。

债务人的债务人或者财产持有人故意违反前款规定向债务人清偿债务或者交付财产，使债权人受到损失的，不免除其清偿债务或者交付财产的义务。

应用

12. 人民法院受理破产申请后，债务人的债务人或者财产持有人应当履行哪些义务？

人民法院受理破产申请后，债务人的债务人或者财产持有人有向管理人清偿债务或者交付财产的义务，同时管理人也负有接受债务人的债务人或者财产持有人的清偿或者交付的职责。本法第 13 条规定，人民法院裁定受理破产申请的，应当同时指定管理人。第 17 条规定，人民法院受理破产申请后，债务人的债务人或者财产持有人应当向管理人清偿债务或者交付财产。第 25 条第 6 项规定，管理人有管理和处分债务人财产的职责。

根据上述三个条文可以看出，人民法院受理破产申请后，管理人应当向债务人的债务人或者财产持有人发出清偿债务或者交付财产的通知，要求其在规定的期限内清偿债务或者交还财产；债务人的债务人或者财产持有人应当在上述期限内清偿债务或者交付财产，如其故意违反上述规定向债务人清偿债务或交付财产，使债权人受到损失的，不免除其继续清偿或者交付的义务。但是如果债务人的债务人或财产持有人对于管理人要求清偿债务或者交付财产的通知有异议的，可以向法院提出诉讼；既不提出异议，又不清偿债务或者交付财产的，管理人可以申请法院裁定后强制执行。

第十八条　【破产申请受理前成立的合同的继续履行与解除】 人民法院受理破产申请后，管理人对破产申请受理前成立而债务人和对方当事人均未履行完毕的合同有权决定解除或者继续履行，并通知对方当事人。管理人自破产申请受理之日起二个月内未通知对方当事人，或者自收到对方当事人催告之日起三十日内未答复的，视为解除合同。

管理人决定继续履行合同的，对方当事人应当履行；但是，对方当事人有权要求管理人提供担保。管理人不提供担保的，视为解除合同。

应　用

13. 破产申请受理前成立的合同如何处理？

根据本法第 25 条第 5 项关于管理人职责的规定，管理人有权在第一次债权人会议召开之前决定继续或者停止债务人的营业。而决定解除或者继续履行破产申请受理前成立而债务人和对方当事人均未履行完毕的合同则属于管理人决定继续或者停止债务人营业的职责范围之内的事情。管理人在其职责范围内作出解除或者继续履行债务人与对方当事人均未履行完毕的合同后，应当及时通知对方当事人；管理人决定继续履行双务合同的，对方当事人应当履行。

同时，为了平衡债务人和与其成立双务合同的对方当事人之间的合法权益，本法在规定管理人有解除或者继续履行双务合同的权利时，也赋予了对方当事人一定的权利，这主要表现在两个方面：第一，法律规定管理人有通知的义务和对方当事人有催告的权利。如果管理人自破产申请受理之日起二个月内未通知对方当事人的，视为合同解除；债务人的双务合同的对方当事人在得知人民法院受理债务人的破产申请后，有权向破产程序中的管理人提出解除或者继续履行双务合同的催告，管理人自收到该对方当事人的催告之日起 30 日内未答复的，也视为解除合同。第二，法律规定在管理人决定继续履行时，对方当事人有要求管理人提供担保的权利。根据本条第 2 款的规定，管理人决定继续履行合同的，对方当事人有履行的义务，该对方当事人也有权要求管理人提供担保，以保障其合法的预期合同利益，如果管理人不提供担保的，视为解除合同。

第十九条 【保全措施解除与执行程序中止】人民法院受理破产申请后，有关债务人财产的保全措施应当解除，执行程序应当中止。

应 用

14. 法院受理破产申请后，有关债务人财产的保全措施如何处理？

法院受理破产申请后，有关债务人财产的保全措施应当解除，因为破产程序是特别程序，其效力高于一般程序。按照本法第13条的规定，法院受理破产申请的同时，要指定管理人，由管理人接管企业。因此，对于债务人财产的保全措施应当解除，被解除保全的财产，由管理人接管。

另外，债务人在被申请破产前，有可能发生纠纷，引起诉讼，在法院受理破产后，已经生效的其他民事判决、裁定，以及刑事判决、裁定中的财产部分的执行程序应当中止。因为如果允许执行程序进行，则个别债权人可能通过执行程序使其债权得到满足，这将减少破产财产的总额，有损其他债权人的利益，不符合所有债权人公平受偿的原则。为了维护全体债权人的利益，财产执行程序应当中止，执行程序中的财产部分，可以作为破产债权，与其他债权人一样受偿。

第二十条 【民事诉讼或仲裁的中止与继续】人民法院受理破产申请后，已经开始而尚未终结的有关债务人的民事诉讼或者仲裁应当中止；在管理人接管债务人的财产后，该诉讼或者仲裁继续进行。

应 用

15. 如何理解人民法院受理破产申请后，有关债务人的民事诉讼或者仲裁应当中止？

在受理破产申请后，由于债务人的权利被限制，由其继续参与有关的民事诉讼和仲裁程序已经不可能，因此，有关债务人的民事诉讼和仲裁程序应当中止。当管理人接管债务人财产并可以形式管理和处分权时，由管理人代表债务人参加诉讼或者仲裁程序才成为可能。因此，在管理人接管债务人的财产后，中止的诉讼或者仲裁继续进行。

16. 第三人进入破产程序后，案件中的执行异议之诉应否继续审理？

执行异议之诉，虽因执行程序而产生，但本质上是一个独立的审判程序，具有其特定的程序与实体功能。

首先，在功能上，执行异议之诉作为针对执行程序的救济手段，除了阻却法院强制执行的功能以外，还具有对实体权利顺序优先性确认之功能。本案中，虽然被执行人进入了破产重整程序，但无论破产企业最终是重整或清算，均不能代替执行异议之诉对债权人债权优先性的实体认定功能。其次，在效果上，案涉房产如因破产而解除查封，房产将转由被执行人的破产管理人接管；如因执行异议之诉胜诉而解除查封，建行怀化市分行则可以要求继续履行合同。同为解除查封措施，因被执行人进入破产程序而中止执行，与因执行异议之诉排除法院的执行措施而停止执行，两种程序的依据不同，所带来的法律效果以及对当事人权益的影响也不一致，故不能因被执行人进入破产程序中止执行而停止对执行异议之诉的审理。综上，华融湖南分公司的主张缺乏法律依据，本案被执行人进入破产程序后，执行异议之诉仍然应当继续审理。(《最高人民法院公报》2023 年第 6 期：中国建设银行股份有限公司怀化市分行与中国华融资产管理股份有限公司湖南省分公司等案外人执行异议之诉案)

配　套

《最高人民法院关于审理企业破产案件若干问题的规定》第 19、20 条

第二十一条　【债务人的民事诉讼的管辖】 人民法院受理破产申请后，有关债务人的民事诉讼，只能向受理破产申请的人民法院提起。

应　用

17. 如何理解破产程序中的专属管辖？

在破产程序中，受理破产申请的人民法院对于有关债务人的民事诉讼的专属管辖表现为：在人民法院受理破产申请后，如果其他法院已经受理与债务人有关的民事案件，应当中止审理，将其移送到受理破产申请的法院来；如果债务人的债权人或债务人就债务人财产与债务人发生争议需要提起诉讼的话，只能向受理破产申请的法院提出，不能向其他法院提出。

第三章 管 理 人

第二十二条 **【管理人的指定与更换】**管理人由人民法院指定。

债权人会议认为管理人不能依法、公正执行职务或者有其他不能胜任职务情形的，可以申请人民法院予以更换。

指定管理人和确定管理人报酬的办法，由最高人民法院规定。

注解

本法对管理人采用的是法院指定的立法模式，但又不是完全由法院决定，而赋予债权人会议有一定的否决权。本条第1款规定，管理人由人民法院指定。第2款规定，债权人会议认为管理人不能依法、公正执行职务或者有其他不能胜任职务情形的，可以申请人民法院予以更换。因为在破产清算程序中，管理人不是所有人利益的代表，而主要是债权人利益的代表，他代表债权人的利益，负责管理、变卖和分配破产财产，从而实现通过破产还债的目的。如果债权人会议对管理人的指定，没有任何发言权的话，一旦债权人会议认为管理人不能依法、公正执行职务或者有其他不能胜任职务的情形时，破产程序则难以顺利进行。因此，《企业破产法》规定由法院指定管理人，又尊重债权人意思自治的选任制度，有利于破产程序的顺利进行。

应用

18. 更换管理人的情形和程序是什么？

《关于审理企业破产案件指定管理人的规定》对更换管理人的情形和程序进行了规定。

一是债权人的异议权和人民法院的职权。本条赋予债权人会议申请更换管理人的权利，这体现了破产程序中债权人意思自治与人民法院主导相结合。债权人会议可以申请人民法院更换管理人，人民法院亦可依职权径行更换管理人，这源于企业破产法赋予债权人会议和人民法院对管理人的监督权。但管理人是在法院受理破产案件的同时即被指定管理破产财产的，在债权人会议召开之前，管理人已经进行了大量工作，许多工作已经不可逆，此时随意撤换管理人，会对破产财产保全及破产程序的顺利进行造成不利影响。故债权人会议不能随意行使异议权，必须要经过债权人会议的合法表决，且应当提出具体的更换理由。

二是管理人辞去职务。管理人无正当理由不得辞职。之所以限制管理人辞职，是因为管理人处理破产事务的统一性和稳定性是破产程序顺利进行的保证，一旦更换管理人，会延误破产程序的进行，增加破产费用，导致债权人利益受损。另外，管理人一旦被指定，就负有尽心尽力、尽职尽责处理破产事务的义务，没有正当理由是不得辞职的。《关于审理企业破产案件指定管理人的规定》第33、34条分别规定了机构和个人不宜继续担任管理人的情形，管理人有相关情形时，以此为理由构成正当理由，人民法院应当许可管理人辞去职务。管理人辞职或被解除职务后的工作移交、工作进度交代，应视为管理人的延伸职责；而且在该破产案件终结前，原管理人有义务就其原履行职务的情况接受询问。如果原管理人拒绝或客观上不能履行其延伸职责，新管理人有权直接接管。为保证破产程序不因原管理人的辞职受到影响，尤其是对原管理人前期工作的监督和继续，需要原管理人承担相应的报告义务。

配套

《最高人民法院关于审理企业破产案件指定管理人的规定》第31—40条

第二十三条　【管理人的义务】管理人依照本法规定执行职务，向人民法院报告工作，并接受债权人会议和债权人委员会的监督。

管理人应当列席债权人会议，向债权人会议报告职务执行情况，并回答询问。

应用

19. 破产管理人具有哪些义务？

按本条规定，管理人依照本法规定执行职务，向人民法院报告工作，并接受债权人会议和债权人委员会的监督。管理人应当列席债权人会议，向债权人会议报告职务执行情况，并回答询问。可见，管理人对人民法院负责，并接受债权人会议和债权人委员会的监督。即对指定它的人民法院负责，同时，受它所代表的债权人的监督。

第二十四条　【管理人的资格】管理人可以由有关部门、机构的人员组成的清算组或者依法设立的律师事务所、会计师事务所、破产清算事务所等社会中介机构担任。

人民法院根据债务人的实际情况，可以在征询有关社会中介机构的意见后，指定该机构具备相关专业知识并取得执业资格的人员担任管理人。

有下列情形之一的，不得担任管理人：

（一）因故意犯罪受过刑事处罚；

（二）曾被吊销相关专业执业证书；

（三）与本案有利害关系；

（四）人民法院认为不宜担任管理人的其他情形。

个人担任管理人的，应当参加执业责任保险。

`应　用`

20. 管理人可以由谁来担任？

我国的破产管理人既可以由组织来担任，也可以由自然人来担任。

1. 由组织担任。本法规定，管理人可以由有关部门、机构的人员组成的清算组或者依法设立的律师事务所、会计师事务所、破产清算事务所等社会中介机构担任。根据该规定，可以将组织担任管理人的情况进行如下的划分：

（1）由有关部门、机构的人员组成的清算组担任，主要适用于国有企业。政府有关部门主要是企业上级主管部门、财政、工商管理、计划、税务、物价、劳动、社会保险、土地管理、国有资产管理等政府管理职能部门。（2）依法设立的律师事务所担任。律师事务所分为国家出资设立的律师事务所、合作律师事务所和合伙律师事务所。（3）依法设立的会计师事务所担任。会计师事务所分为合伙制会计师事务所和有限责任的会计师事务所。（4）依法设立的破产清算事务所担任。破产清算事务所是指专门从事破产清算业务的机构。目前，社会上已经出现了专门从事破产清算的机构，但目前国家对于破产清算事务所的设立还没有相应的法律和法规。（5）其他依法设立的社会中介机构担任。例如：资产评估机构、税务师事务所等社会中介机构。

2. 由自然人担任。根据本法规定，人民法院根据债务人的实际情况，可以在征询有关社会中介机构的意见后，指定该机构具备相关专业知识并取得执业资格的人员担任管理人。可见，自然人担任管理人需要取得职业资格，并且由人民法院进行指定。

第二十五条　【管理人的职责】管理人履行下列职责：

（一）接管债务人的财产、印章和账簿、文书等资料；

（二）调查债务人财产状况，制作财产状况报告；

（三）决定债务人的内部管理事务；

（四）决定债务人的日常开支和其他必要开支；

（五）在第一次债权人会议召开之前，决定继续或者停止债务人的营业；

（六）管理和处分债务人的财产；

（七）代表债务人参加诉讼、仲裁或者其他法律程序；

（八）提议召开债权人会议；

（九）人民法院认为管理人应当履行的其他职责。

本法对管理人的职责另有规定的，适用其规定。

注 解

本条规定了破产管理人的具体职责，详细如下：

1. 接管债务人的财产、印章和帐簿、文书等资料。

对于管理人而言，其首要职责在于接管债务人企业。接管债务人企业是指将其全面置于管理人的掌管之下，是对该企业的人、财、物进行全面的接收和管理。具体包括：（1）接管债务人的财产。债务人的财产主要包括债务人的有形资产和无形资产。有形资产指动产和不动产。动产是指银行存款、库存现金、办公设备、交通工具、机械设备、库存物品等；不动产即企业物业，包括企业的土地、厂房及其他土地上的定着物。无形资产主要是指企业的专利、商标、著作权和专有技术等知识产权、商业信誉、商业秘密以及客户信息等。对于上述动产、不动产的接管，主要是通过制作债务人的财产盘点表的方式进行；对于无形资产接管则要灵活进行。实务中管理人接管债务人财产时应注意：一是要审查财产的权属证件是否真实、合法；二是要审查有无设置财产抵押以及设置的抵押是否合法、有效。（2）接管债务人的印章和帐簿、文书等资料。债务人的印章是指包括债务人企业的行政章、合同章、财务章等在内的全套印章。由于印章在我国经济活动中的重要地位，故管理人在接管债务人企业之初就应立即接管债务人的全套印章，并予以封存，原则上不再使用，除非在特殊情况下，如职工办理调转手续，须加盖原单位公章的，经人民法院批准后方可使用。债务人的帐簿是其财务状况的外在表现形式，具体而言，其反映了债务人的资产负债情况。因此，管理人只有全面接管债务人的财务，包括财务帐簿、银行帐户资料、库存清册等，才能开始对于破产财产的管理、处分、清算和分配工作。实务中，在进行财务接管的移交时，应由原债务人的法定代表人到场，原财务负责人与管理人进行接管的移交，并制作财务交接表，详细记录交接事项。债务人的文书资料主要包括债务人企业的营业执照、房地产证、企业合同、章程、企业的各种人事档案和劳动合同档案等等。为了保证债务人能够及时地将财产和上述相关文书材料移交给管理人，以促进破产程序的顺利进行，本法第127条还明确规定了债务人拒绝移交时的法律责任。

2. 调查债务人财产状况，制作财产状况报告。

管理人对于债务财产状况的调查工作主要包括两个方面：（1）管理人对于债务人财产产权归属的确定。管理人在确认债务人的财产权属时，主要是分清哪些属于债务人的财产，哪些不属于债务人的财产，哪些是有争议的财产。（2）管理人对于债务人财产范围的确定。根据本法第30条的规定，债务人财产的范围主要包括以下几个方面：① 破产申请受理时属于债务人的全部财产；② 债务人在破产申请受理后至破产程序终结前取得的财产。管理人在调查清楚债务人财产状况的基础上，应当制作财产状况表。

3. 决定债务人的内部管理事务。

本条规定，在第一次债权人会议召开之前，管理人有权决定继续或者停止债务人的营业。本法第18条规定，管理人可以决定债务人和对方当事人在破产申请前成立的但均未履行完毕的双务合同的解除或者继续履行。此外，为了维护和保全债务人的财产，第 31 至 33 条规定，管理人有权向人民法院请求撤销债务人在法院受理破产申请之前的一定时间内所从事的对于其财产的处分行为和宣告债务人的某些涉及债务人财产的行为无效。同时，管理人在破产程序中还享有如下的对债务人日常事务的管理权：（1）第 34 条规定，债务人在法院受理破产申请前的行为被法院撤销或宣告无效后，管理人有权追回被债务人处分的财产。（2）第 35 条规定，人民法院受理破产申请后，债务人的出资人尚未完全履行出资义务的，管理人应当要求该出资人缴纳所认缴的出资，而不受出资期限的限制。（3）第 36 条规定，债务人企业的董事、监事和高级管理人员利用职权从企业获取的非正常收入和侵占的企业财产，管理人应当追回。

4. 决定债务人的日常开支和其他必要开支。

管理人在破产程序进行期间，为了全体债权人的利益，有权决定债务人的日常营业事务，如决定继续进行债务人的某些营业，继续履行债务人的双务合同等行为，这便需要一系列的营业成本，对此，管理人有权作出决定。此外，如果破产程序中因债务人的财产而涉诉的话，管理人有权决定必要的诉讼费用的开支。然而，管理人在决定上述日常开支和其他必要开支时，应当接受法院、债权人会议和债权人委员会的监督。

5. 在第一次债权人会议召开之前，决定继续或者停止债务人的营业。

根据本法第 61 条的规定，决定继续或者停止债务人的营业是债权人会议的职权。但在债权人会议尚未成立即第一次债权人会议召开之前，则由法院指定的管理人决定债务人是否继续营业。

6. 管理和处分债务人的财产。

（1）管理债务人财产。管理人接管债务人财产后，要对其进行全面管理。管理人在管理债务人财产时，应当制作管理方案，根据本法第 61 条第 8 项的规定，管理人的管理方案应当报债权人会议通过，否则，该管理方案无效。（2）处分债务人财产。根据本法第 69 条和第 16 条的规定，管理人有权实施下列财产的处分行为，但应当及时报告债权人委员会或者人民法院：①涉及土地、房屋等不动产权益的转让；②探矿权、采矿权、知识产权等财产权的转让；③全部库存或者营业的转让；④借款；⑤设定财产担保；⑥债权和有价证券的转让；⑦履行债务人和对方当事人均未履行完毕的合同；⑧放弃权利；⑨担保物的取回；⑩对债权人利益有重大影响的其他财产处分行为。此外，根据本条的规定，在第一次债权人会议召开之前，管理人有上述处分行为之一的，应当征得人民法院的许可。由此可见，管理人在破产程序进行过程中，有权对于债务人的不动产、动产、无形财产等进行处分，但是必须及时报告债权人委员会或者征得法院的许可，以保护全体债权人的利益。

7. 代表债务人参加诉讼、仲裁或者其他法律程序。

管理人参加诉讼、仲裁或者其他法律程序的情形主要有以下四种：（1）管理人对外实现债权，对方提出异议，需要进行诉讼或者仲裁的，则管理人作为原告出现；（2）管理人在破产申请受理后，对未履行完毕的双务合同决定解除引起的损害赔偿等合同争议，管理人一般作为被告身份出现；（3）管理人在执行法定职务的过程中，侵害或损害他人合法权益而引起的侵权诉讼和损失赔偿，则管理人亦作为被告参加诉讼或者仲裁。（4）对于债务人已经开始的诉讼或者仲裁，由管理人作为原告或者被告继续进行诉讼。无论管理人在诉讼或者仲裁中处于何种法律地位，其都应依据法律，正确履行自己的法定职责，对涉及诉讼或者仲裁中的重要事项，如承认、变更、放弃诉讼请求，进行调解、申请强制执行等必须向法院报告，同时应当及时向债权人会议或者债权人委员会通报。

8. 提议召开债权人会议。

根据本法第62条规定管理人可以提议召开债权人会议，以讨论决定破产程序中的重要事项，如是否继续债务人的营业、处理债务人的不动产、实施营业贷款等，以使其管理行为获得依据，最终切实维护广大债权人的利益。同时，召开债权人会议，管理人应当提前十五日通知已知的债权人。

此外，人民法院或者债权人会议认为管理人应当履行的其他职责，管理人亦必须切实履行。因为管理人由法院指定产生，对法院负责并受债权人会议和债权人委员会的监督。

<u>配套</u>

《企业破产法》第 16、26、34、61、69、73、74 条

第二十六条 【第一次债权人会议前管理人行为的许可】 在第一次债权人会议召开之前，管理人决定继续或者停止债务人的

营业或者有本法第六十九条规定行为之一的，应当经人民法院许可。

第二十七条　【管理人的忠实义务】管理人应当勤勉尽责，忠实执行职务。

破产管理人的勤勉尽责、忠实履行职务的义务实质上规定的是善良管理人的注意义务，是为管理人设定的一种较高标准的注意义务。为了确保管理人能够以善良管理人的注意义务去执行其职务，本法第24条第4款规定"个人担任管理人的，应当参加执业责任保险"。同时，第130条明确规定了管理人违反其勤勉尽责和忠实执行职务时的法律责任，其内容为"管理人未依照本法规定勤勉尽责，忠实执行职务的，人民法院可以依法处以罚款；给债权人、债务人或者第三人造成损失的，依法承担赔偿责任"。上述规定对于保证管理人本着诚实守信的心态去勤勉尽责、忠实履行其管理职务能够起到积极的促进作用。

配　套

《企业破产法》第24、130条

第二十八条　【管理人聘任工作人员与管理人的报酬】管理人经人民法院许可，可以聘用必要的工作人员。

管理人的报酬由人民法院确定。债权人会议对管理人的报酬有异议的，有权向人民法院提出。

注　解

确定管理人报酬的方法主要有两种：按时间计酬法和按标的额计酬法。前者根据管理人工作时间计酬，后者根据债务人财产按照一定比例计酬。《关于审理企业破产案件确定管理人报酬的规定》采取按标的额计酬的方法确定管理人报酬。

管理人的报酬与其工作业绩有关，而破产案件一般历时较长，管理人既不可能在案件初期得到所有报酬，也不可能在较长工作时间里对报酬问题不管不问，故多数国家或地区都采取事先确定方案、事中观察调整、事后实际支付的做法，类似于财政支出中预算、决算程序。《关于审理企业破产案件确定管理人报酬的规定》采取了同样的确定程序，即人民法院在受理破产案件后，应当对管理人的工作量作出初步预测并决定管理人报酬方案，确定管理人报酬计算标准和收取时间；人民法院决定管理人报酬方案后，可以根据破产案件和管理人执行职务的实际情况对原方案进行调整；管理人最终按照管理人报酬方案确定的内容收取报酬。

管理人报酬应当有个基本的上限。如果管理人报酬没有高限，一方面，债务人财产中大部分甚至全部可能被管理人收取，债权人公平受偿的目的无法实现，导致管理人职能本末倒置；另一方面，债权人无法预期未来实际的债权清偿情况，可能对申请债务人破产望而却步。所以，对于管理人最高报酬做出合理限制是必要的。

配套

《最高人民法院关于审理企业破产案件确定管理人报酬的规定》

第二十九条　【管理人的辞职】管理人没有正当理由不得辞去职务。管理人辞去职务应当经人民法院许可。

注解

本条规定，管理人没有正当理由不得辞去职务。管理人辞去职务，应当经人民法院许可。因为管理人接受法院指定后，通常要接管债务人的财产、账簿、文书，管理和处分债务人的财产，负责企业的重整，提出破产财产分配方案，执行分配方案等一系列有关破产程序的事项，在破产程序中居于中心地位，所以法律规定管理人没有正当理由不得辞去职务。如果管理人确实有正当理由，如因病身体不能胜任等需要辞去管理人职务时，应当经人民法院许可。

关于管理人的解任，本法只规定，债权人会议有权请求人民法院予以解任，理由是管理人不能依法、公正执行职务或者有其他不能胜任职务情形。赋予债权人会议一定的解任权，有利于债权人对管理人的监督，有利于督促管理人勤勉尽责，忠实执行职务。

第四章 债务人财产

第三十条 **【债务人财产】**破产申请受理时属于债务人的全部财产，以及破产申请受理后至破产程序终结前债务人取得的财产，为债务人财产。

`注解`

债务人财产，是指破产案件受理时属于债务人的全部财产，以及破产案件受理后至破产程序终结前债务人取得的财产。债务人财产是破产程序进行的财产基础，也是债权人通过破产程序得到清偿的物质保证。债务人财产与破产财产有着直接关系，当债务人被宣告破产后，债务人财产即被称为破产财产。

1. 破产案件受理时属于债务人的全部财产。

债务人的全部财产，从构成来说，包括货币、生产资料、经营场所，企业的知识产权，如企业的专利、商标，企业的债权，企业所持有的股票、债券等。对于国有企业来说，是公司形式的，依照《公司法》的规定，以公司的全部财产承担民事责任；非公司形式的，依照《民法典》的规定，以国家授予企业经营管理的财产承担民事责任。因此当人民法院受理破产案件后，国家授予企业经营管理的财产即成为债务人财产，法院宣告该企业破产后，国家授予企业经营管理的财产即为破产财产。

破产案件受理时属于债务人的全部财产，在实践中还有一个债务人的全部财产的地域界限问题，也即属地破产主义与普及破产主义。

本法基本上采取的是普及破产主义，破产效力及于债务人在中国境外的财产。但这只是一个原则，由于境外的财产，不在中国法院的直接管辖之下，实际上需要通过双边或者多边的司法合作协议来解决法院破产宣告的送达、执行等问题。同时又规定，有条件地承认域外法院破产宣告的效力。这与《民事诉讼法》规定的涉外民事诉讼程序的特别规定是一致的，有利于在保护我国当事人合法权益的基础上，更大程度地促进我国的对外经济合作。

2. 破产案件受理后至破产程序终结前债务人取得的财产。

这部分财产从归属来说，本来就是破产企业的财产，只是到破产程序终结前才实际取得。按照本法的有关规定，这部分财产包括：（1）破产企业的债务人主动偿还或者经管理人催讨而偿还的债务；（2）持有破产企业财产的人主动交还或者经管理人催讨而交还的财产；（3）因继续履行合同而获得的收益；（4）破产企业因投资或者所有知识产权而得到的收益；（5）破产企业得到的捐赠、赔偿等合法收益。

应 用

21. 实务中应当如何界定债务人财产？

在破产法的司法实务中，要准确适用债务人财产这一概念，必须要清楚以下两个问题：

1. 对债务人财产包括"破产申请受理后至破产程序终结前债务人取得的财产"中"取得的财产"的理解。

实务中对于"取得的财产"的理解有一种错误的观点，该观点认为在破产程序启动到破产程序终结前这段时间内因债务人的债务人的清偿和财产持有人的交还而取得的财产属于"取得的财产"的范围。其理由是这部分财产在取得之前只是作为债务人帐面的资产而存在，不具有可分配性，只有在清偿和交付后才成为可分配的财产，因而被视为新增加的财产。其实，对于债务人已有的财产权如债权、对债务人的财产持有人的财产取回，并不能称之为财产的取得。因为这部分财产并不是新得到的财产，只不过是财产权利人通过行使其权利使其所有的财产权利转变了一种形式，即从原先的间接占有变为现在的直接占有，但其性质并未发生变化。如果认为这部分财产是新增加的财产，那么就等于说债权等其他权利在破产申请受理之前并不属于债务人。

2. 哪些财产不属于债务人财产的范围。

关于哪些财产不属于债务人财产的范围，本法没有作出明确具体的规定。但是，《关于审理企业破产案件若干问题的规定》第 71 条却明确规定了破产财产的例外，可以依据该规定来界定哪些财产不属于债务人财产的范围：（1）债务人基于仓储、保管、加工承揽、委托交易、代销、借用、寄存、租赁等法律关系占有、使用的他人财产。上述财产之所以不属于债务人财产，原因在于其法律关系中所涉及的财产的所有权未发生转移，应属于所有权人取回权的范围。（2）抵押物、留置物、出质物，但权利人放弃优先受偿权或者优先偿付被担保债权剩余的部分除外。(3) 担保物灭失后产生的保险金、补偿金、赔偿金等代位物。(4) 依照法律规定存在优先权的财产，但权利人放弃优先受偿权或者优先偿付特定债权剩余的部分除外。(5) 特定物买卖中，尚未转移占有但相对人已完全支付对价的特定物。因为此时该特定物的所有权已经转移，亦属于所有权行使取回权的范畴，所以不属于债务人财产的范围。(6) 尚未办理产权证或者产权证过户手续但已向买方交付的财产。(7) 债务人在所有权保留买卖中尚未取得所有权的财产。(8) 所有权专属于国家且不得转让的财产，如矿产资源、河流、铁路、军事设施、通讯设施等，但法律允许转让的，在履行转让手续后作为债务人财产。(9) 债务人企业工会所有的财产。

配 套

《最高人民法院关于审理企业破产案件若干问题的规定》第64、66—72条

第三十一条 【受理破产申请前一年内行为的撤销】人民法院受理破产申请前一年内，涉及债务人财产的下列行为，管理人有权请求人民法院予以撤销：

（一）无偿转让财产的；

（二）以明显不合理的价格进行交易的；

（三）对没有财产担保的债务提供财产担保的；

（四）对未到期的债务提前清偿的；

（五）放弃债权的。

注 解

本法在第31、32条中，肯定了由破产管理人行使撤销权，并规定了破产管理人行使撤销权的具体条件。破产撤销权，是指破产人在破产宣告前的临界期内，实施有害于债权人团体利益的行为，破产管理人有权请求法院撤销该行为。破产法规定撤销权的目的，在于恢复因破产人不当处分而失去的利益，保护全体债权人公平受偿的机会。

在程序方面，撤销权行使的主体是破产管理人，即破产管理人是原告，债务人和行为相对人是被告。依据本法第21条规定，由受理破产案件的法院专属管辖，受理法院以判决方式作出是否准许撤销，当事人不服的，可以上诉。

依《最高人民法院关于审理企业破产案件确定管理人报酬的规定》，破产管理人的报酬与债务人最终清偿的财产价值总额成反比，最高报酬比例可达 12%。基于利益因素，客观上将鼓励破产管理人最大限度利用破产程序中的撤销权，通过行使撤销权而增进破产财产，以获得更多的报酬；另外，第 128 条还为此增设了一个保障性制度，规定破产人的行为被管理人依法撤销或确认无效后，如果财产无法追回，给债权人造成损害的，由破产人的原法定代表人和其他直接责任人员承担赔偿责任。这一规定旨在制裁债务人欺诈破产的惩罚性制度，却从另一个侧面调动了破产管理人行使撤销权的积极性。

应用

22. 有关债务人财产的哪些行为，管理人有权请求人民法院予以撤销？

1. 可撤销的行为的种类。

（1）无偿转让财产的。债务人如果以无偿转让财产的方式损害债权，第三人无论主观上是否存在过错，也无论是直接受益人还是间接受益人，均有权请求撤销该行为，恢复财产原状。但是，如果债务人以无偿转让财产的方式损害债权，而直接受益的第三人又将取得的财物以公平价格售给他人时，只能向债务人和第一取得人行使撤销权，不能追及有偿取得人，第一取得人应当将所得的价款予以返还。

（2）以明显不合理的价格进行交易的。以明显不合理的价格进行交易，虽然表现为债务人与第三人是以有偿的方式进行交易，但是以明显低于市场同类价格的条件将财产或者权益转让给第三人，或者明显高于市场同类价格的条件受让财产或者权益，结果是减少按照正常交易可以得到的收益，或者增加按照正常交易不应有的成本，这将严重损害债权人的利益。因此，以明显不合理的价格进行交易损害债权的，无论第三人是直接受益人还是间接受益人，均有权请求撤销该行为，恢复财产原状。

（3）对原来没有财产担保的债务提供财产担保的。债务人通过担保方式害及债权的，可以对其行使撤销权，撤销其抵押、出质行为。需要说明的是，物的担保被撤销后，即担保合同撤销以后，不影响主合同的存在，主合同依然有效。例如，甲向乙借款，原来并没有提供财产担保，但在人民法院受理破产申请前的半年内，又突然就此借款将财产抵押于乙，害及原有债权，即可行使撤销权，撤销该财产担保行为。当然，借款合同不因担保行为被撤销而失效，只是出借人将与其他债权人一样，都是无特别担保的债权人。

（4）对未到期的债务提前清偿的。债务的到期与否，以债务人与第三人之间签订的合同中约定的履行期限来确认，如果尚未到履行期限届满，债务人就已经履行了债务，即可认定为对未到期的债务提前清偿。需要注意的是，如果合同对履行期限没有约定或者约定不明确的，按照《民法典》合同编的规定，债务人可以随时履行。在这种情况下，不应当认定为是对未到期的债务提前清偿。对于债务人提前清债的行为，有权请求撤销该行为。

（5）放弃债权的。债务人放弃债权，等于是放弃了财产或者财产性权益，在性质上与债务人以无偿转让财产方式损害债权相同。在这种情况下，不论第三人主观上是否存在过错，均有权请求撤销该行为。

（6）个别清偿的。所谓个别清偿，是指债务人在对多个债权人承担债务的情况下，只对个别债权人进行债务清偿的行为。个别清偿的撤销条件，必须是债务人同时面对多个债权人。如果只有一个债权人，债务人清偿债务的行为，就不属于个别清偿。债务人进行个别清偿，损害的是其他多数债权人的利益。因此，为了公平清理债权债务，保护广大债权人的利益，对于债务人的个别清偿行为，应当依法予以撤销。但是，如果个别清偿可以使债务人财产受益的，则不在此限。

2. 撤销权的行使要求。

撤销权的行使，除必须属于前述法定情形外，还需要满足行使主体和时间的要求：

（1）由管理人行使撤销权。对于债务人实施的无偿转让财产、以明显不合理的价格进行交易、对原来没有财产担保的债务提供财产担保、对未到期的债务提前清偿、放弃债权以及个别清偿的行为，由管理人行使，即由管理人请求人民法院予以撤销，其他人不能行使撤销权。

（2）可撤销的行为的发生时间。无偿转让财产、以明显不合理的价格进行交易、对原来没有财产担保的债务提供财产担保、对未到期的债务提前清偿、放弃债权的行为，必须发生在人民法院受理破产申请前1年内。个别清债的行为，必须发生在人民法院受理破产申请前6个月内。管理人行使申请撤销权，必须符合上述时间要求，否则人民法院将不予受理，或者受理后予以驳回。至于人民法院受理破产申请的时间，以人民法院作出受理破产申请的裁定之日为准。

3. 可撤销行为被撤销后的法律后果。

管理人行使撤销权，被人民法院依法撤销的涉及债务人财产的行为即归于消灭，并自始无效。部分无效的，不影响其他部分的效力。无偿转让的财产视为没有转让，以明显不合理的价格进行的交易视为没有达成交易，事先没有设定的财产担保视为没有提供财产担保，提前清偿的债务视为没有清偿，放弃的债权视为没有放弃，对个别债权人的清偿视为没有清偿。对于受益人而言，已经取得的债务人的财产，应当返还；原物不存在时，应当折价赔偿。

配套

《企业破产法》第 21、32、34 条

第三十二条　【受理破产申请前六个月内行为的撤销】 人民法院受理破产申请前六个月内，债务人有本法第二条第一款规定的情形，仍对个别债权人进行清偿的，管理人有权请求人民法院予以撤销。但是，个别清偿使债务人财产受益的除外。

第三十三条　【无效行为】 涉及债务人财产的下列行为无效：

（一）为逃避债务而隐匿、转移财产的；

（二）虚构债务或者承认不真实的债务的。

应用

23. 破产无效行为有哪些？

根据本条的规定，破产无效行为有两种：

1. 债务人为逃避债务而隐匿、转移财产的行为。

债务人为逃避债务而隐匿和转移财产的行为，是典型的不正当减少债务人财产、损害债权人清偿利益的形态。隐匿财产，是指债务人将其财产予以隐瞒和藏匿的行为。隐瞒，是指对于有关债务人的信息不予披露的消极行为，例如，不在财务报表上记载或者不真实记载，对财产去向隐瞒不报，在接受有关财产情况的询问时不如实回答。藏匿，是指将财产（货币和实物）

或者财产权凭证置于未予公开的处所，使之不能依破产程序被有效地接管和处分，例如，将资金转移到关系公司的帐户，将收入现款存入以私人名义开设的银行帐户等。转移财产是指债务人将自己的财产转移到他处以减少其所有财产的行为。此外，需要注意的是债务人隐匿和转移财产的行为必须是以逃避债务为目的。

2. 债务人虚构或者承认不真实的债务的行为。

债务人虚构或者承认不真实的债务，是债务人通过虚假增加债务人的人数或者提高债务人的债权数额，以减少真正债权人的清偿份额，损害债权人利益的行为。虚构债务，是指债务人主观上凭空捏造本不存在的债务，虚假增加债务人的人数，并使该"虚构的债务人"参加到债务人财产的分配中来，以减少真正债权人清偿份额的行为。承认不真实的债务，是指债务人在他人提出虚假债务请求时予以承认的行为。承认不真实的债务包括两种情况，一是承认根本不存在的债务；二是承认较低数额的债务为较高数额的债务。

实践中，只要是债务人为逃避债务而隐匿、转移财产的行为或者是债务人虚构或者承认不真实债务的行为，一经证明，都应当是无效的，任何人都有权向人民法院提出请求确认该行为无效。人民法院确认该行为无效之后，无效的宣告具有溯及既往、自始无效的效力。

第三十四条 **【追回因被撤销或无效行为取得的债务人的财产】**因本法第三十一条、第三十二条或者第三十三条规定的行为而取得的债务人的财产，管理人有权追回。

第三十五条 **【债务人的出资人缴纳出资】**人民法院受理破产申请后，债务人的出资人尚未完全履行出资义务的，管理人应当要求该出资人缴纳所认缴的出资，而不受出资期限的限制。

应 用

24. 债务人的出资人尚未完全履行出资义务怎么办？

出资人的出资，构成公司等企业的注册资本，是公司等企业开展生产经营活动的物质基础。我国法律对出资人出资作出了明确的规定，基本要求是：出资人必须实际出资。出资人依照公司章程或者合同约定缴纳出资，是其必须履行的法定义务。当公司等企业生产经营状况发生变化，不能清偿到期债务，并且资产已经不足以清偿全部债务或者已经明显缺乏清偿债务能力，即依法可以进入破产程序时，如果其出资人还没有完全履行出资义务，不能因为企业已经进入破产程序而免除出资人的出资义务。因此，人民法院受理破产案件后，债务人的出资人尚未完全履行出资义务的，管理人有权要求该出资人缴纳所认缴的出资，而不受出资期限的限制。

需要说明的是，出资人虚假出资，或者抽逃出资，除了必须缴纳其所认缴的出资外，还要受到相应的行政处罚。《公司法》第 199 条规定，公司的发起人、股东虚假出资，未交付或者未按期交付作为出资的货币或者非货币财产的，由公司登记机关责令改正，处以虚假出资金额 5% 以上 15% 以下的罚款；第 200 条规定，公司的发起人、股东在公司成立后，抽逃其出资的，由公司登记机关责令改正，处以所抽逃出资金额 5% 以上 15% 以下的罚款。如果构成犯罪的，还必须依照《中华人民共和国刑法》（以下简称《刑法》）第 159 条的规定，处 5 年以下有期徒刑或者拘役，并处或者单处虚假出资金额或者抽逃出资金额 2% 以上 10% 以下罚金；如果出资人是单位的，对单位判处罚金，并对其直接负责的主管人员和其他直接责任人员，处 5 年以下有期徒刑或者拘役。

配套

《公司法》第 26—28、199、200 条；《刑法》第 159 条

第三十六条　【管理人员非正常收入和财产的追回】债务人的董事、监事和高级管理人员利用职权从企业获取的非正常收入和侵占的企业财产，管理人应当追回。

注解

根据我国《公司法》及相关法律的规定，企业法人的财产和企业的董事、监事和高级管理人员的财产截然不同，企业法人对其财产享有占有、使用、收益和处分的权利，任何董事、监事和高级管理人员不得非法侵占企业的财产。此处所指的非法侵占企业的财产，主要包括两个方面，一是上述人员利用其职权从企业所获取的非正常收入，如非法提高自己的工资、给自己多分奖金等不正当减少企业财产的行为；二是指上述人员非法侵占的企业财产，如利用职务之便盗窃企业的财产、非法转移企业财产等等。从民法上

讲，企业的董事、监事和高级管理人员利用职权从企业所取得的非正常收入和非法侵占的企业财产的所有权因行为非法而并未发生转移，仍然归属于企业的财产，是债务人财产的一部分，因此，管理人应当对上述财产进行追回，以恢复债务人应有的财产，增加债权人可得清偿的债权数额。

应用

25. 债务人的董事、监事和高级管理人员利用职权从企业获取的非正常收入和侵占的企业财产如何处理？

企业的董事、监事、经理、副经理、财务负责人等高级管理人员，直接负责企业的生产经营活动，企业生产经营状况的好坏，与他们有着密切的关系。所以法律对这些人员规定了比一般企业职工更为严格的要求。进入破产程序的债务人的董事、监事和高级管理人员，本来就对债务人负有很大的责任，如果在生产经营过程中，还存在利用职权从企业获取非正常收入的情况，就属于故意违反法律规定，非法从企业谋取利益。对于这种从企业非法取得的利益，依法应当退还企业。如果董事、监事和高级管理人员利用职务之便侵占企业的财产，对于通过这种手段侵占的企业财产，也必须依法退还给企业。因此，管理人应当追回债务人的董事、监事和高级管理人员利用职权从企业获取的非正常收入和侵占的企业财产。

此外，根据《刑法》第 271 条的规定，公司、企业或者其他单位的人员，利用职务上的便利，将本单位财物非法占为己有，数额较大的，处 3 年以下有期徒刑或者拘役；数额巨大的，处三年以上十年以下有期徒刑，并处罚金；数额特别巨大的，处十年以上有期徒刑或者无期徒刑，并处罚金。国有公司、企业或者其他国有单位中从事公务的人员和国有公司、企业或者其他国有单位委派到非国有公司、企业以及其他单位从事公务的人员有上述行为的，依照《刑法》第 382、383 条关于贪污罪的规定定罪处罚。即国家工作人员利用职务上的便利，侵吞、窃取、骗取或者以其他手段非法占有公共财物的，是贪污罪；受国家机关、国有公司、企业、事业单位、人民团体委托管理、经营国有财产的人员，利用职务上的便利，侵吞、窃取、骗取或者以其他手段非法占有国有财物的，以贪污论；与前述所列人员勾结，伙同贪污的，以共犯论处。

配 套

《公司法》第 147 条；《刑法》第 271、382、383 条

第三十七条　【管理人取回质物、留置物】人民法院受理破产申请后，管理人可以通过清偿债务或者提供为债权人接受的担保，取回质物、留置物。

前款规定的债务清偿或者替代担保，在质物或者留置物的价值低于被担保的债权额时，以该质物或者留置物当时的市场价值为限。

应 用

26. 管理人在破产程序中如何取回债务人的质物或者留置物？

根据本条的规定，在人民法院受理破产申请后，管理人对于债务人在人民法院受理破产申请前出质给债权人的质物或者被债权人留置的留置物可以取回，其方式为清偿债权人的债权或者提供为债权人接受的替代担保。例如在破产申请受理前，债务人出质给债权人价值 30 万元的汽车以取得债权人 20 万元的借款，在债务人作为被申请人的破产申请受理后，管理人只能在清偿债权人的 20 万元的债权及其利息或者提供为债权人接受的替代担保的情况下，才能取回债务人的质物汽车。同时，根据本条第 2 款的规定，如果债务人的质物或者留置物的价值低于被担保的债权人的债权额的，管理人在清偿债务或者提供替代担保时，应当以债务人的质物或者留置物当时的市场价值为限。例如，前述案例中的债务人的出质物汽车，在成立质押法律关系时其价值为 30 万元，债务人取得了债权人 20 万元的借款，但是在人民法院受理债务人作为被申请人的破产申请后，该质物汽车的市场价值仅为 15 万元，此时，管理人取回债务人的质物汽车时，应当以 15 万元价值为限对债权人进行清偿或者提供替代担保，对于债权人未得以清偿的 5 万元债权，债权人可以将其作为无担保债权进行债权申报，而无权优先受偿。

第三十八条　【权利人财产的取回】人民法院受理破产申请后，债务人占有的不属于债务人的财产，该财产的权利人可以通过管理人取回。但是，本法另有规定的除外。

破产取回权，是指财产的权利人可以不依破产程序，直接从管理人占有和管理的债务人财产中，取回原本不属于债务人财产的权利。破产取回权分为一般取回权和特殊取回权。本条规定的是一般取回权，第39条规定的是出卖人取回权，即，特殊取回权。

所谓一般取回权，是指财产的权利人依照民法关于物的返还请求权的规定，从破产程序中的管理人处取回其财产的权利。一般破产取回权的行使，应当满足以下要件：

1. 一般破产取回权发生在人民法院受理破产申请后。人民法院受理破产申请是启动债务人破产程序的标志，此时人民法院指定的管理人要接管债务人占有的所有财产。一般破产取回权发生在人民法院受理破产申请后，这时有必要区分债务人占有的财产是否真正归属于债务人，以便顺利地分配债务人的破产财产。对于那些不属于债务人的财产，应当由其权利人取回。

2. 一般破产取回权的权利主体是财产的权利人。此处的"权利人"，既包括对财产享有占有、使用、收益和处分权能的所有权人，也包括对财产享有占有权、用益物权和担保物权等他物权的权利人，即债务人没有合法根据占有他人财产时，该财产的他物权人也有权行使取回权，以最终保全财产的真正权利人的利益。

3. 一般破产取回权的义务主体是管理人。人民法院受理破产申请以后，管理人接管债务人占有的所有财产，并依照法律的规定对其进行管理和处分，而此时的债务人则不能再继续管理和处分其占有的财产。因此，在破产程序中，债务人占有的归属于他人的财产权利人要行使取回权时，只能通过破产程序中的管理人来进行，因为除非经过管理人的同意，任何人不得处分债务人的财产。

4. 财产的权利人取回的是债务人占有的不属于债务人的财产。破产程序开始后，债务人向管理人移交其占有的财产中，有些是债务人享有所有权的财产，而有些是债务人基于合法或者不合法的关系而占有的属于他人的财产，这些财产不属于债务人所有，因此不能作为破产财产对债权人进行分配。

《最高人民法院关于审理企业破产案件若干问题的规定》第72条

第三十九条 【在途运输标的物的取回与交付】人民法院受理破产申请时，出卖人已将买卖标的物向作为买受人的债务人发运，债务人尚未收到且未付清全部价款的，出卖人可以取回在运途中的标的物。但是，管理人可以支付全部价款，请求出卖人交付标的物。

注 解

根据本条的规定，出卖人取回权的行使，应当满足以下条件：

1. 出卖人取回权适用于通过运输方式的买卖中。根据《中华人民共和国民法典》的规定及交易习惯，对于动产而言，买卖合同分为不需要通过运输的买卖和需要通过运输的买卖。在不需要运输的动产买卖中，出卖人的交付标的物和买受人的接受标的物的时间是一致的；而在需要运输的动产买卖中，出卖人交付标的物和买受人接受标的物的时间是不一致的，中间有一个运输的过程。因此，出卖人取回权应当适用于第二种买卖形式，即需要通过运输方式的买卖中。

2. 债务人尚未收到买卖标的物且未付清全部价款。根据《民法典》第641条的规定，在通过运输方式的买卖中，债务人在尚未收到买卖的标的物时，其并没有取得该买卖标的物的所有权，即此时买卖标的物的所有权仍然属于出卖人。这是出卖人取回权构成的前提和基础。同时，《企业破产法》还规定债务人还需要没有付清全部价款，如果管理人支付全部价款的话，其可以请求出卖人交付标的物，从而排除出卖人取回权的适用。

3. 出卖人取回权发生在人民法院受理破产申请时。人民法院受理破产申请标志着债务人破产程序的正式启动，在破产程序中，债务人不能进行正常的生产经营活动，也不能管理和处分其财产，债务人的所有财产很可能被列为破产财产，对其债权人进行破产清偿。出卖人在将买卖标的物交由承运人运输后且买受人收到标的物和付清全部价款之前得知人民法院启动对于债务人的破产程序的，出卖人才可以行使取回权。否则，如果人民法院并未受理有关债务人的破产申请，出卖人擅自取回其正在运输途中的买卖标的物的话，其可能构成违约。

《民法典》第 598 条

第四十条　【抵销权】债权人在破产申请受理前对债务人负有债务的，可以向管理人主张抵销。但是，有下列情形之一的，不得抵销：

（一）债务人的债务人在破产申请受理后取得他人对债务人的债权的；

（二）债权人已知债务人有不能清偿到期债务或者破产申请的事实，对债务人负担债务的；但是，债权人因为法律规定或者有破产申请一年前所发生的原因而负担债务的除外；

（三）债务人的债务人已知债务人有不能清偿到期债务或者破产申请的事实，对债务人取得债权的；但是，债务人的债务人因为法律规定或者有破产申请一年前所发生的原因而取得债权的除外。

应用

27. 抵销权行使的条件是什么？

（1）必须是受理破产案件之前就享有债权并负有债务。

（2）必须在破产清算分配前行使。

（3）必须由债权人主动向管理人提出行使。

（4）附停止条件的债权，在条件未成就时不能行使抵销权。停止条件，又称为延缓条件和生效条件，是指对于民事法律行为效力的发生起推迟到来作用的条件，即民事法律行为所规定的权利义务在条件成就时，才能发生效力，而在条件成就之前，法律行为虽然已经成立，但是并未生效。在破产程序中，破产债权如果附有停止条件，则破产债权并未真正生效，因此不得主张抵消。但是该破产债权人有权要求清算人将相当于应抵销债权额的金额提存，提存后停止条件如果在破产财产最终分配前成就，则将提存金额支付给该破产债权人；如果条件未成就，则按破产分配分案规定的比例，付给其作为普通破产债权人所应分得的金额。

（5）附解除条件的债权，在条件未成就时可以行使抵销权。解除条件刚好与停止条件相反，在条件成就前，法律行为一直生效，而条件成就时，法律行为失效。在破产程序中，破产债权附有解除条件，因其债权并未失去，所以不影响债权人主张抵销的权力。但是，如果在破产程序终结前条件成就，则抵销应予解除。为保证日后抵销解除时破产财产能够及时地收回债权，破产债权人在解除条件成就前主张抵销的，必须按抵销债务额提供相应的担保，或者提供相当于抵销额的货币交清算人提存。在最终分配前，如果解除条件成就，则处分担保物所得或者提存金额纳入破产财产供清算分配，该破产债权人按照破产分配方案领取其分配额；如果解除条件未成就，则抵销确定地有效，清算人应将担保物或者提存金额退还该破产债权人。

28. 什么情况下，对破产债务人负有债务的债权人不得行使抵销权？

（1）债务人的债务人在破产申请受理后取得他人对债务人的债权的。由于债权可自由转让，以相对低廉的价格购买对债务人的债权是很容易做到的。因此，为了杜绝债务人的债务人通过廉价购买对债务人的债权而由破产抵销免除债务的情况发生，债务人的债务人在破产申请受理后取得他人对债务人的债权的，不得用于抵销。

（2）债权人已知债务人有不能清偿到期债务或者破产申请的事实，对债务人负担债务的，但是，债权人因为法律规定或者有破产申请一年前所发生的原因而负担债务的除外。债权人在得知其债务人出现破产原因甚至已经提出破产申请的情况后，通常的反应就是设法抢先获得个别清偿。在这种情况下，如果法律对破产抵销没有限制，则债权人可以通过对债务人负债的方式取得债务人的财产。因此，凡是已知债务人有不能清偿到期债务或者申请破产的事实而对破产人负担债务的，必须如数清偿，不得以其债权加以抵销。但是如果能够证明债权人对债务人负担债务是基于法律的规定或者破产申请1年前发生的原因，则可以认为该债权人负担此债务时没有通过破产抵销获得抢先清偿的恶意，因而不在法律禁止之列。

（3）债务人的债务人已知债务人有不能清偿到期债务或者破产申请的事实，对债务人取得债权的，但是，债务人的债务人因为法律规定或者有破产申请一年前所发生的原因而取得债权的除外。债务人的债务人以取得对债务人的债权来使自己免除对破产财产的给付义务，其行为性质与上述情形相同，故不得用于抵销。但是，取得债权有法律规定的正当原因不在此限。

至于债务人的债务人已知债务人有不能清偿到期债务或者破产申请的事实，直接与债务人交易而取得的债权，如果该交易有恶意串通、显失公平等无效或可撤销事由，则除了不得适用破产抵销外，该债权还可适用无效或可撤销的规定，丧失破产债权的地位。

配套

《最高人民法院关于审理企业破产案件若干问题的规定》第60条

第五章　破产费用和共益债务

第四十一条　【破产费用】 人民法院受理破产申请后发生的下列费用，为破产费用：

（一）破产案件的诉讼费用；

（二）管理、变价和分配债务人财产的费用；

（三）管理人执行职务的费用、报酬和聘用工作人员的费用。

应用

29. 破产费用的范围有哪些？

破产程序中对于破产费用的界定，关系到债权人和债务人合法权益的保护。因此，在司法实务中准确把握破产费用的范围，具有重要的意义。根据《企业破产法》第41条的规定，破产费用包括如下内容：

1. 破产案件的诉讼费用。

破产案件的诉讼费用是指自破产程序开始到破产程序终结期间，人民法院审理破产案件所支付的审判上的费用，主要包括破产申请受理费、公告费、送达费、法院召集债权人会议的费用、证据保全费用、财产保全费用、鉴定费用、勘验费用以及法院认为应由债务人财产支付的其他诉讼上的费用。破产案件的受理费，由受理法院根据《诉讼费用交纳办法》收取，即破产案件依据破产财产总额计算，按照财产案件受理费标准减半交纳，但是，最高不超过30万元。财产案件的收费标准如下：①不超过1万元的，每件交纳50元；②超过1万元至10万元的部分，按照2.5%交纳；③超过10万元至20万元的部分，按照2%交纳；④超过20万元至50万元的部分，按照

1.5%交纳；⑤超过 50 万元至 100 万元的部分，按照 1%交纳；⑥超过 100 万元至 200 万元的部分，按照 0.9%交纳；⑦超过 200 万元至 500 万元的部分，按照 0.8%交纳；⑧超过 500 万元至 1000 万元的部分，按照 0.7%交纳；⑨超过 1000 万元至 2000 万元的部分，按照 0.6%交纳；⑩超过 2000 万元的部分，按照 0.5%交纳。其他诉讼费用主要包括：①勘验、鉴定、公告、翻译费；②证人、鉴定人、翻译人员在人民法院决定日期出庭的交通费、住宿费、生活费和误工补助费；③采取诉讼保全措施的申请费和实际支出的费用；④执行判决、裁定和调解协议所实际支出的费用。人民法院认为应由债务人财产负担的其他诉讼费用，也应当由债务人财产拨付。

2. 管理、变价和分配债务人财产的费用。

人民法院受理破产申请启动破产程序后，债务人便丧失了对于企业财产的管理和处分的权利，而是由人民法院指定的管理人接管债务人的财产，对其财产进行管理、变价和分配，必然要支出相应的费用，这些费用为破产费用的组成部分，具体包括管理、变价和分配债务人财产费用。

（1）管理债务人财产的费用。管理债务人财产的费用，是指管理人为全体债权人的利益管理债务人财产或者继续债务人企业的营业而必须支出的费用，主要包括债务人财产的保管费用、仓储费用、清理费用、运输费用、保险费用、行政管理费用等。管理费是破产费用的基本形态，是保证破产程序顺利进行而必然发生的费用。当然，实践中的管理费用并不以上述列举为限，凡是管理人为管理债务人财产而发生的所有必要的合理的费用均在其列。例如，债务人企业留守人员的工资和社会保险费用；管理人为追回债务人财产而进行诉讼的费用，聘请律师、会计师的费用等，也应当包括在管理费用的范围之内。

（2）变价债务人财产的费用。变价债务人财产的费用，是指管理人为处理非金钱的债务人财产而将其变现为货币所支出的费用，主要包括债务人财产的估价费用、鉴定费用、公证费用、拍卖费用和执行费用等。

（3）分配债务人财产的费用。分配债务人财产的费用，又称为破产财产的分配费用，是指管理人为将破产财产分配给全体破产债权人所发生的费用，主要包括破产财产分配表的制作费用、公告费用和通知费用等等。

3. 管理人执行职务的费用、报酬和聘用工作人员的费用。

（1）管理人执行职务的费用。在破产程序中，管理人作为债务人财产的管理者和处分者，其负有一系列的职责，如追回债务人的财产，清理债务人的债权和债务等，在此过程中需要支出必要的费用，是为管理人执行职务的费用。其主要包括：管理人办公场地使用费用，如办公场地租金、水电费、电话费和物业管理费等；管理人日常办公费用，如办公设备和办公用品的购置、使用费用，还包括管理人交通工具使用费或日常工作需要的交通费用等。

（2）管理人的报酬。根据本法第28条第2款的规定，管理人有获得报酬的权利，其报酬的数额，由人民法院确定。人民法院可以根据管理人工作难易程度和工作量大小、中介机构专业人员清算工作的市场价格情况、非专业清算人员身份和是否兼职、清算工作成绩效果等多方面因素综合考虑决定。

（3）管理人聘用工作人员的费用。在破产实务中，破产程序要涉及到许多法律、会计、审计和清算等许多专业和复杂的知识，需要很多专业人员的参加和介入，经过人民法院的许可，管理人可以聘用必要的工作人员。对于这些管理人聘用的工作人员支付必要的劳动报酬，也是破产费用的一个组成部分，是为了促进破产程序的顺利进行、维护全体债权人的合法权利而支出的必要的合理的费用。

配套

《最高人民法院关于审理企业破产案件若干问题的规定》第88条；《诉讼费用交纳办法》第13、14条

第四十二条　【共益债务】人民法院受理破产申请后发生的下列债务，为共益债务：

（一）因管理人或者债务人请求对方当事人履行双方均未履行完毕的合同所产生的债务；

（二）债务人财产受无因管理所产生的债务；

（三）因债务人不当得利所产生的债务；

（四）为债务人继续营业而应支付的劳动报酬和社会保险费用以及由此产生的其他债务；

（五）管理人或者相关人员执行职务致人损害所产生的债务；

（六）债务人财产致人损害所产生的债务。

本条是关于破产程序中共益债务的规定。所谓共益债务，是指在破产申请受理后，为全体债权人的共同利益或者为进行破产程序所必需而负担的债务。共益债务和破产费用既有联系又有区别。两者的相同之处在于都是为债权人的共同利益而发生，都应当在债务人财产中优先拨付；不同之处在于破产费用是为破产程序顺利进行，为管理、变价和分配债务人财产而必须支出的"成本性"费用，而共益债务则是管理人执行破产程序中因合同、侵权、无因管理和不当得利等民事行为而使债务人财产承担的债务。

配 套

《民法典》第 979、985 条

第四十三条 【破产费用和共益债务的清偿】破产费用和共益债务由债务人财产随时清偿。

债务人财产不足以清偿所有破产费用和共益债务的，先行清偿破产费用。

债务人财产不足以清偿所有破产费用或者共益债务的，按照比例清偿。

债务人财产不足以清偿破产费用的，管理人应当提请人民法院终结破产程序。人民法院应当自收到请求之日起十五日内裁定终结破产程序，并予以公告。

应 用

30. 破产费用和共益债务如何清偿?

在破产程序中，破产费用、共益债务和破产债权，都是以债务人财产作为共同的责任财产，都要从债务人财产中受清偿。而破产费用和共益债务是在破产程序中，为全体债权人的共同利益而发生的费用和负担的债务，应当由债务人财产先予支付和偿还，剩余的财产，才用于清偿各项破产债权。即破产费用和共益债务应优先于破产债权受清偿。

本法第 113 条规定，破产财产在优先清偿破产费用和共益债务后，清偿各项破产债权。依此规定，在以破产财产向各破产债权人进行分配前，应先清偿所有的破产费用和共益债务，为该项清偿需提留必要的款项的（例如，管理人与他人就破产财产受无因管理的债务发生争议，已向法院提起诉讼，但在破产分配时，法院尚未作出判决的），还应在破产分配时预先提留。破产财产在清偿破产费用和共益债务后的剩余部分，才能依照法定顺序清偿各项破产债权。

所谓"随时清偿"，就是说，对破产费用和共益债务，应按其应予支付和清偿的期限，由债务人财产随时拨付，予以清偿。例如，对管理人的报酬，应按照人民法院确定的数额和支付期限，由债务人财产及时支付。在破产程序中，管理人负责债务人财产的管理和处分，因此，对破产费用的支付和共益债务的清偿，应由管理人执行。他人与管理人就破产费用或者共益债务是否存在或其数额等事项发生争议的，可向人民法院以管理人为被告提起诉讼，依照法院的判决结果执行。在破产程序中，如果发现债务人财产已不足以清偿破产费用和共益债务的，表明各债权人已不能从破产财产中获得任何清偿，再进行破产程序已无实际意义。为此，本条规定："债务人财产不足以支付破产费用的，管理人应当提请人民法院裁定终结破产程序。"

31. 如何理解债务人财产不足以清偿所有破产费用或者共益债务的，按照比例清偿？

这里的比例清偿，是共益债务之间的比例或者破产费用之间的比例。而不是破产费用和共益债务之间的比例。例如：破产费用 50 万，共益债务 400 万，其中欠 A 企业 100 万，欠 B 企业 300 万元，假设债务人 A 的财产只有 100 万元，那么先优先清偿破产费用 50 万，剩余的 50 万不足以清偿共益债务，按照规定，应该按照比例清偿，即：$50 \times 100/400 = 12.5$ 万，这是清偿 A 公司的部分。剩下的 37.5 万是清偿 B 公司的部分。

配套

《企业破产法》第 113、127 条；《最高人民法院关于审理企业破产案件若干问题的规定》第 89、91 条

第六章　债权申报

第四十四条　【债权人依法定程序行使权利】 人民法院受理

破产申请时对债务人享有债权的债权人，依照本法规定的程序行使权利。

配套

《企业破产法》第 14 条

第四十五条　【债权申报期限】人民法院受理破产申请后，应当确定债权人申报债权的期限。债权申报期限自人民法院发布受理破产申请公告之日起计算，最短不得少于三十日，最长不得超过三个月。

应用

32. 债权申报期限如何计算？

债权申报是对债权人在法定期间内申报及逾期补报的规定。法院受理破产案件后，应当确定债权人申报债权的期限，申报期限自受理破产案件公告的次日起计算，最短不得少于 30 日，最长不得超过 3 个月。规定申报期限对于实现债权人的债权非常重要，因为企业的经营活动有时范围很宽，债权人可能遍布各地，法院受理破产案件后，要发布公告，通过公告这种形式，通知所有的债权人申报债权，以争取实现自己的债权。这就需要一定的时间，但时间又不宜太长，时间太长破产企业的经济状况可能发生变化，甚至恶化，进一步损害债权人的利益。确定一个既能使债权人有足够的时间申报债权，又不至于使破产企业的状况变化太大的时间界限是必要的。

债权人因不可抗力或者其他正当理由未能如期申报债权的，可以向法院请求延展其债权申报期限。不可抗力是指不能预见、不能克服、不可避免的事件或现象，如因自然灾害阻断交通等原因无法及时申报债权；其他正当理由主要是指合乎常理的事由，如因家庭成员突然病故处理丧事等。规定展期申报主要是考虑到，对确实有理由不能如期申报债权的债权人给予机会，能够参加破产程序，以保护其利益。

第四十六条　【未到期的债权与附利息的债权的算定】未到期的债权，在破产申请受理时视为到期。

附利息的债权自破产申请受理时起停止计息。

33. 未到期的债权如何处理?

本条第 1 款规定:"未到期的债权,在破产申请受理时视为到期。"由于破产债权限于破产程序开始前成立的财产请求权,破产程序开始于人民法院受理破产案件之日,因此,利息的计算也应截止于人民法院受理破产案件之日。未到期的债权如果同时附有利息的,其债权的利息计算期限截止到破产案件的受理之时。本条第 2 款规定:"附利息的债权自破产申请受理时起停止计息。"同理,到期的债权约定了逾期不清偿时,应按延期履行日期计算利息的,或者法律规定应当计算利息的,其利息的计算也应截止为破产案件受理时。自然人之间的借款合同对支付利息没有约定或者约定不明确的,视为不支付利息。公司之间的无息借款,有约定偿还期限而借款人不按期偿还,或者未约定偿还期限但经出借人催告后,借款人仍不偿还的,出借人要求借款人偿付逾期利息,应当按照法律规定计算利息。其利息的计算也应截止为破产案件受理时。

第四十七条 【附条件、附期限债权与未决债权的申报】附条件、附期限的债权和诉讼、仲裁未决的债权,债权人可以申报。

第四十八条 【申报债权的公示与异议】债权人应当在人民法院确定的债权申报期限内向管理人申报债权。

债务人所欠职工的工资和医疗、伤残补助、抚恤费用,所欠的应当划入职工个人账户的基本养老保险、基本医疗保险费用,以及法律、行政法规规定应当支付给职工的补偿金,不必申报,由管理人调查后列出清单并予以公示。职工对清单记载有异议的,可以要求管理人更正;管理人不予更正的,职工可以向人民法院提起诉讼。

劳动债权,是指因破产宣告前的劳动关系而发生的债权,包括破产企业所欠职工工资和欠缴的基本社会保险费用,以及法律、行政法规规定应当支

50

付给职工的补偿金等其他费用，但依政策性破产由破产企业土地使用权转让所得用于安置职工的职工安置费用除外。破产企业职工对破产企业所享有的这种权利是否需要申报，法律中没有规定，实践中却难以忽略这一问题。因为企业职工人数众多，如果每人都需要向管理人申报，对管理人和职工都是一种不小的负担。而且，职工名册和职工的工资、劳保费用，在企业的相关文件资料中已经有记载，只需要对相关材料进行审查，职工没有异议即可得以确认。基于此，本条规定，债务人所欠职工的工资和医疗、伤残补助、抚恤费用，所欠的应当划入职工个人账户的基本养老保险、基本医疗保险费用，以及法律、行政法规规定应当支付给职工的补偿金，不必申报，由管理人调查后列出清单并予以公示。职工对清单记载有异议的，可以要求管理人更正；管理人不予更正的，职工可以向人民法院提起诉讼。

第四十九条　【申报债权的书面说明】债权人申报债权时，应当书面说明债权的数额和有无财产担保，并提交有关证据。申报的债权是连带债权的，应当说明。

应用

34. 债权申报需要提供哪些证明？

债权人申报债权时，应当书面说明债权的数额和有无财产担保，并提供如下证据：①债权证明。即证明债权的真实性、有效性的文件，如合同、借据、法院判决等。②身份证明，债权人自己申报的应当提交合法有效的身份证明，代理申报人应当提交委托人的有效身份证明、授权委托书和债权证明。③担保证明。申报的债权有财产担保的，应当提交证明财产担保的证据。

破产案件受理后，债权人向人民法院提起新诉讼的，应予驳回。其起诉不具有债权申报的效力。

配套

《最高人民法院关于审理企业破产案件若干问题的规定》第21、22条

第五十条　【连带债权人申报债权】连带债权人可以由其中一人代表全体连带债权人申报债权，也可以共同申报债权。

第五十一条 **【连带债务人申报债权】** 债务人的保证人或者其他连带债务人已经代替债务人清偿债务的，以其对债务人的求偿权申报债权。

债务人的保证人或者其他连带债务人尚未代替债务人清偿债务的，以其对债务人的将来求偿权申报债权。但是，债权人已经向管理人申报全部债权的除外。

注 解

该规定是针对保证人或者连带债务人的将来求偿权所进行的规定。将来求偿权是指对债务人享有的非现实的、将来要求债务人清偿债务的权利。人民法院在受理破产案件后，债务人的保证人或者其他连带债务人，即使尚未代替债务人清偿债务，但由于债权人对于其未被偿付的部分，有权要求保证人或者其他连带债务人清偿。所以，债务人的保证人或者其他连带债务人，有可能在此后被要求代替债务人清偿债务，对于此要求，债务人的保证人或者其他连带债务人不得拒绝。债务人的保证人或者其他连带债务人代替债务人清偿债务后，就对债务人享有了债权。这种债权如果不进行申报，在破产程序进行过程中或者在破产程序终结后，债务人的保证人或者其他连带债务人的合法权益就可能受到损害，因此，债务人的保证人或者其他连带债务人尚未代替债务人清偿债务的，以其对债务人的将来求偿权申报债权。

如果债权人已经向管理人申报全部债权，那么保证人或者其他连带债务人就不再负有清偿全部债务的义务，其将来求偿权也就失去了存在的前提。因此，债务人的保证人或者其他连带债务人尚未代替债务人清偿债务，但债权人已经向管理人申报全部债权的，债务人的保证人或者其他连带债务人不得以其对债务人的将来求偿权申报债权。

应 用

35. 债务人的保证人或者其他连带债务人如何申报债权?

关于保证人债权的申报，当保证人代替债务人清偿债务的，保证人有权以其清偿额对债务人行使求偿权，即以清偿数额向管理人申报债权。保证人在法院受理破产案件前，未代替债务人清偿债务的，债权人可将其债权申报，参加破产财产分配；若债权人不参加破产程序的，保证人因负有代偿责任，故其可在申报债权的期限届满前以其保证债务的数额申报债权并参加分配。

配套

《民法典》第 687 条

第五十二条 【连带债务人的债权人申报债权】连带债务人数人被裁定适用本法规定的程序的，其债权人有权就全部债权分别在各破产案件中申报债权。

第五十三条 【解除合同后对方当事人申报债权】管理人或者债务人依照本法规定解除合同的，对方当事人以因合同解除所产生的损害赔偿请求权申报债权。

第五十四条 【受托人申报债权】债务人是委托合同的委托人，被裁定适用本法规定的程序，受托人不知该事实，继续处理委托事务的，受托人以由此产生的请求权申报债权。

第五十五条 【票据付款人申报债权】债务人是票据的出票人，被裁定适用本法规定的程序，该票据的付款人继续付款或者承兑的，付款人以由此产生的请求权申报债权。

第五十六条 【补充申报债权】在人民法院确定的债权申报期限内，债权人未申报债权的，可以在破产财产最后分配前补充申报；但是，此前已进行的分配，不再对其补充分配。为审查和确认补充申报债权的费用，由补充申报人承担。

债权人未依照本法规定申报债权的，不得依照本法规定的程序行使权利。

应用

36. 债权人逾期申报和未申报债权怎么办？

在人民法院确定的债权申报期限内，债权人未申报债权的，可以在破产财产最后分配前补充申报；但是，此前已进行的分配，不再对其补充分配。为审查和确认补充申报债权的费用，由补充申报人承担。债权人未依照本法规定申报债权的，不得依照该法规定的程序行使权利。其后果是，第一，债务人破产清算的，除非债务人有保证人或者其他连带债务人，该未申报债权成为永久履行不能。第二，债务人重整的，该未申报债权在重整计划执行期间不得行使权利；在重整计划执行完毕后，可以按照重整计划规定的同类债权的清偿条件行使权利。第三，债务人和解的，该未申报债权在和解协议执行期间不得行使权利；在和解协议执行完毕后，可以按照和解协议规定的清偿条件行使权利。

第五十七条 **【债权表】**管理人收到债权申报材料后，应当登记造册，对申报的债权进行审查，并编制债权表。

债权表和债权申报材料由管理人保存，供利害关系人查阅。

应 用

37. 管理人如何对债权人的申报材料进行登记造册？

管理人收到债权申报材料后，应当登记造册，对申报的债权进行审查，并编制债权表。债权表应当记明债权人名称、住所，开户银行、申报债权数额、申报债权的征据、财产担保情况、申报时间、联系方式以及其他必要的情况。登记造册时，应当对有财产担保的债权和无财产担保的债权，予以分别登记。

配 套

《最高人民法院关于审理企业破产案件若干问题的规定》第22条

第五十八条 **【债权表的核查、确认与异议】**依照本法第五十七条规定编制的债权表，应当提交第一次债权人会议核查。

债务人、债权人对债权表记载的债权无异议的，由人民法院裁定确认。

债务人、债权人对债权表记载的债权有异议的，可以向受理破产申请的人民法院提起诉讼。

38. 破产债权的调查应当如何进行?

破产债权的调查大致可以分解为如下几个步骤:

(1) 由管理人按债权人的申报制作债权表,将债权表连同有关申报的文件存放、备置在管理人处,供利害关系人查阅。

(2) 确定债权调查日期,在人民法院召集的第一次债权人会议上,由法院主持就已申报的债权进行逐个讨论和审核。破产人应于债权调查期日内到场陈述意见,但有正当事由时,可委托代理人到场。代理人应当出示代理证书。债权调查非有破产管理人到场不得为之。但是,债权人缺席时,不影响破产审查会对其申报进行审查。

(3) 破产人、破产债权人和破产管理人对于申报的债权均可提出异议,对此异议,法院应予审查。

(4) 如果在破产审查会上破产管理人和破产债权人对某项债权均无异议,或所提异议已消除,其债权则视为确定。

(5) 法院应将已确定的债权,包括其数额和性质,记载于债权表上。法院书记员应在确定债权证书上记明确定债权,并加盖法院印章。债权表所记载的确定债权,对于全体破产债权人具有与生效判决相等的法律效力。

(6) 对于有异议的债权,应按民事诉讼中的确认之诉加以解决和确定。该确认之诉由审理破产案件的法院或其上一级法院专属管辖。

(7) 法院应根据破产管理人或破产债权人的申请,将债权确定之诉的结果记载于债权表。债权确定之诉的判决,对全体破产债权人均有效力。

39. 当事人对债权确认的裁定有异议应当如何救济?

法院依职权或依申请作出的确认债权的裁定是否具有实体上的确定力,立法对此并未设明文规定。因为破产程序具有非讼性。破产程序是处理非讼事件的司法程序,对于存在实体争执的诉讼事件则不能越俎代庖、执行民事诉讼的职能。而且,裁定只能解决程序性的问题。所以,法院所作的此种裁定并不具有如同生效判决一样的实体确定力,而仅具有形式上的确定力。即,此种裁定仅意味着何种债权可成为破产债权,而并不对该债权之存在与否及其数额多少形成最终判定。

关于当事人对人民法院关于债权确认的裁定有异议,根据《关于审理企业破产案件若干问题的规定》，半数以上债权的债权人有异议的，可以在人民法院作出裁定之日起十日内向上一级人民法院申诉。

40. 破产程序中，债权人会议核查债权结束超过十五日后，债权人有异议还能提起债权确认诉讼吗？

《最高人民法院关于适用〈中华人民共和国企业破产法〉若干问题的规定（三）》第八条规定的十五日期间，系附不利后果的引导性规定，目的是督促异议人尽快提起诉讼，以便尽快解决债权争议，提高破产程序的效率，防止破产程序拖延。异议人未在该十五日内提起债权确认的诉讼，视为其同意债权人会议核查结果，破产程序按债权人会议核查并经人民法院裁定确认的结果继续进行，给异议人财产分配和行使表决权等带来的不利后果，由其自行承担。但《最高人民法院关于适用〈中华人民共和国企业破产法〉若干问题的规定（三）》第八条规定的十五日期间并非诉讼时效、除斥期间或起诉期限，该十五日期间届满并不导致异议人实体权利或诉权消灭的法律后果。（《最高人民法院公报》2022 年第 12 期：沙启英与塔尼尔生物科技（商丘）有限公司等破产债权确认纠纷案）

配套

《最高人民法院关于审理企业破产案件若干问题的规定》第 63 条；最高人民法院关于适用《中华人民共和国企业破产法》若干问题的规定（三）

第七章　债权人会议

第一节　一般规定

第五十九条　【债权人会议的组成】依法申报债权的债权人为债权人会议的成员，有权参加债权人会议，享有表决权。

债权尚未确定的债权人，除人民法院能够为其行使表决权而临时确定债权额的外，不得行使表决权。

对债务人的特定财产享有担保权的债权人，未放弃优先受偿权利的，对于本法第六十一条第一款第七项、第十项规定的事项不享有表决权。

债权人可以委托代理人出席债权人会议，行使表决权。代理人出席债权人会议，应当向人民法院或者债权人会议主席提交债权人的授权委托书。

债权人会议应当有债务人的职工和工会的代表参加，对有关事项发表意见。

注解

债权人会议是在破产程序中代表全体债权人共同利益的意思表示机关，因此，由破产债务人的全体债权人组成。不论对债务人享有的债权是无财产担保的债权还是有财产担保的债权，也不论是数额确定的债权还是数额尚未确定的债权，除法律另有规定外，每一债权人都应成为债权人会议的成员，都能在债权人会议上就涉及债权人利益的议题发表自己的意见，表达自己的意志；在有表决权的多数债权人意志的基础上，形成代表全体债权人整体利益的共同意志。但是，未依本法的规定如期申报债权的债权人，视为其自愿放弃依破产程序受偿的权利，不能参加破产程序，自然也不能成为债权人会议的成员。

在破产程序中所有经依法申报债权的债权人，均为债权人会议成员，可以在债权人会议上发表自己的意见。但并不是所有的债权人会议成员对属于债权人会议职权范围内的所有决议事项，都享有表决权。

1. 对债务人的特定财产享有优先权的债权人没有表决权。

根据本条规定，下列债权人对属于债权人会议议决的有些事项，没有表决权：（1）对债务人的特定财产享有担保权的债权人，未放弃优先受偿权利的，对债权人会议通过和解协议、通过破产财产分配方案，没有表决权。（2）对债务人的特定财产享有担保权，即享有抵押权、质权或者留置权的债权人，自人民法院裁定许可和解之日起即可行使权利，不受和解协议的影响。因此，这类债权人未放弃其优先受偿权利的，无须参加债权人会议对和解协议的表决，不享有对和解协议的表决权。（3）破产财产中已作为担保权标的物的特定财产，应由担保权人依法优先受偿。债权人会议表决破产财产分配方案，不能影响担保权人就该特定财产优先受偿的权利。因此，对破产财产中的特定财产享有担保权的债权人，未放弃优先受偿权利的，对债权人会议表决破产财产的分配方案，不享有表决权。（4）依照《海商法》、《民用航空法》等法律的规定，对债务人的船舶、航空器等享有法定优先权的债权人，对特定船舶或航空器享有的法定优先权应在留置权、抵押权等担保权之前受偿，该项法定优先权也不应受破产程序的影响，权利人也无须享有对和解协议和破产财产分配方案的表决权。

当然，如果享有担保权或者法定优先权的债权数额超过作为担保权或法定优先权标的的财产价值的，其未受清偿部分，得作为普通破产债权，债权人得以未受优先清偿的债权数额为限在债权人会议上行使表决权。如果有财产担保或者法定优先权的债权人，放弃其就特定财产优先受偿的权利，则同普通破产债权人无异，在债权人会议上享有表决权。

2. 债权不能确定的债权人没有表决权。

在破产程序中，债权人会议表决的事项，实行债权人人数和所代表的债权数额双重多数通过的原则。因此，债权人所拥有的债权数额必须确定，否则将无法根据债权数额来计算表决结果。

配套

《企业破产法》第 61 条；《最高人民法院关于审理企业破产法案件若干问题的规定》第 39 条

第六十条 【债权人会议主席】债权人会议设主席一人，由人民法院从有表决权的债权人中指定。

债权人会议主席主持债权人会议。

注解

债权人会议设会议主席，债权人会议主席由人民法院于第一次会议召开时从有表决权的债权人中指定并宣布。至于以后的债权人会议主席是否得由会议另行改选或者会议主席是否可以辞去其主席职务及在何种情况下可辞去其职务，我国现行立法尚无明文规定。依学理解释，债权人会议另行选举会议主席以及主席辞去其职务均无不可，但另行选举的会议主席应经人民法院认可。本法规定的债权人会议主席只能由人民法院指定，没有规定债权人的选任权和异议权，也没有规定债权人委员会的监督权，这样未充分发挥债权人的程度参与权和自主权，特别是债权人发现债权人会议主席有失职或违法之处时，应有救济途径，因此，应赋予债权人或债权人委员会对债权人会议主席的监督权。

第六十一条 【债权人会议的职权】债权人会议行使下列职权：

（一）核查债权；

（二）申请人民法院更换管理人，审查管理人的费用和报酬；

（三）监督管理人；

（四）选任和更换债权人委员会成员；

（五）决定继续或者停止债务人的营业；

（六）通过重整计划；

（七）通过和解协议；

（八）通过债务人财产的管理方案；

（九）通过破产财产的变价方案；

（十）通过破产财产的分配方案；

（十一）人民法院认为应当由债权人会议行使的其他职权。

债权人会议应当对所议事项的决议作成会议记录。

注 解

债权人会议享有的职权的内容包括：

（1）核查债权。在债权人会议上，所有的债权证明材料都要向全体债权人出示，供所有债权人查阅，其他债权人可以对证明某项债权是否成立、是否合法、发生的时间、数额的大小、有无财产担保、是否是连带债权的材料的真实性、完整性，向债权的申报人进行询问，也可以提出异议。这个过程就是债权人会议履行债权调查债权的职能的过程。

（2）对选任管理人和管理人报酬的监督。本法规定，管理人由人民法院指定。法院在管理人的选任中居于主导地位，对于法院任命的管理人，债权人会议享有申请更换权。债权人会议申请更换管理人的原因限于管理人不能依法、公正的履行职务或者其他不能胜任职务的情形。对于债权人会议的申请，人民法院如果同意，将解任原管理人，另行指定管理人，但债权人会议不得直接自行选任管理人。管理人的报酬属于破产费用，破产费用的支付，实质上是以债权人清偿收入的减少为代价的，因此，债权人有权监督破产费用的支付，以防止因不合理增加开支而损害债权人的清偿利益。

（3）监督管理人。债权人会议有权通过以下方式对管理人行使监督权利：①有权随时调查债务人财产的状况，并有权随时要求管理人报告管理人所管理的财产的情况；②监督管理人的处置债务人财产的行为；③管理人应当列席债权人会议，不能拒绝列席债权人会议。管理人参加债权人会议时要向债权人会议报告职务执行情况，要接受债权人会议的询问，同样不能拒绝回答。④债权人会议对管理人的监督，应当还体现在事后救济上，债权人会议认为管理人的行为违背债权人利益的，可以请求人民法院对管理人的行为予以撤销。

（4）选任和更换债权人委员会成员。对于债权人委员会成员具体如何产生，本法没有规定，债权人会议可以依据自治原则，依其认为合适的选举方式选任债权人代表。关于债权人委员会成员的更换方式和程序，也是同样，应当遵从债权人自治，可以由债权人会议主席或一定人数的债权人会议成员亦或债权人委员会其他成员提出更换债权人委员会成员的提案，由债权人会议研究、表决、决议。债权人委员会成员也可以向债权人会议提出辞职，由债权人会议研究是否批准。需要注意的是，债权人会议选任和更换债权人委员会成员的自主权，必须受到法律和人民法院的一定约束。

（5）决定债务人是否继续营业。债务人只要营业就会发生经济往来，其作为债务清偿担保的全部资产数额就会发生变动，可能增加也可能减少，从而影响债权人最后受偿程度的大小，所以债权人会议有权利决定债务人是否继续营业。在第一次债权人会议召开之前，由于债权人会议不存在，由管理人决定债务人是否继续营业。第一次债权人会议召开后，这项决定权由债权人会议行使。债权人会议决定债务人继续营业的，债务人或管理人企业可以继续生产、与第三人签订、履行合同，企业的正常生产经营照常进行。债权人会议决定债务人停止营业的，除了维持企业的必要的活动外，债务人或者管理人不得再擅自进行其他活动。

（6）通过重整计划。破产法规定重整计划草案由债务人或管理人制作，并且必须在人民法院裁定债务人重整之日起的六个月到九个月内同时提交债权人会议和人民法院。关于重整计划的表决通过，具有和其他任何决议的通过不同的特点。由于重整计划对不同种类的债权人影响的程度不同，重整计划的表决是按照不同的债权分组通过的。从操作上说，债权人会议必须将讨论重整计划草案中对债权的分类列为在先的议程，对债权分类存在异议的债权人必须尽早提出异议，以免对之后的重整计划分组表决造成障碍。债权人会议各表决组均通过重整计划草案时，经过人民法院的批准公告，重整计划正式生效。重整计划草案在某些组没有通过的，债务人或管理人还可以与该表决组再次协商，再次表决，或法院强制批准。

（7）通过和解协议。和解协议是清偿债务的协议，一般要求债权人作出适当让步，放弃部分债权，因而和解协议必须由债权人会议决议。

（8）通过债务人财产的管理方案。债务人财产的管理是指管理人依照法定的职责和权限范围，在破产程序中所进行的接管、清理、收集、保管和维护债务人财产的一系列活动。管理人对债务人财产进行管理的目的是在防止财产的不当减少和无谓损失的同时，尽可能地谋取债务人财产的增值。管理人接受人民法院的指定，开始履行职责后，应尽快制定出对债务人财产的管理方案。

（9）通过破产财产的变价方案。破产清算中，要对破产人的财产进行分配，必须实现破产债权的等质化和破产财产的等质化，以保证破产分配的公正和合理，破产财产的等质化，也就是将非金钱的破产财产转化成金钱状态的过程。管理人应当适时准备破产财产的变价方案供债权人会议讨论。

（10）通过破产财产的分配方案。破产财产的分配是指按各债权人的应受偿顺序和应受偿比例将破产财产在债权人之间进行分配的程序，是整个破产清算程序的终点。破产分配是与债权人利益最为密切相关的事项，必须经过债权人会议的审议。债权人会议对破产财产的分配方案进行充分的讨论，管理人对于债权人的异议应当及时作出反应、适当做出修改或解释。关于债权人会议对破产财产分配方案表决，破产法规定了特殊的表决规则：如果债权人会议一次表决没有通过该破产财产分配方案，可以就该破产财产分配进行进一步的讨论修改，进行第二次表决。人民法院可以裁定认可财产破产分配方案，也可以裁定管理人纠正或重新制定破产财产分配方案。

（11）人民法院认为应当由债权人会议行使的其他职权。由于债权人会议是债权人的自治机构，许多职权应当由债权人会议自主决定行使，不应当由人民法院包办。人民法院将这些职权交于债权人会议行使，一方面可以减轻人民法院的工作压力，另一方面也充分尊重了债权人的自治权，有利于所作出的决定在债权人之中的顺利执行。至于应当由债权人会议行使的其他职权的范围，则由人民法院自由裁量。

配套

《最高人民法院关于审理企业破产案件若干问题的规定》第42条

第六十二条　【债权人会议的召开】第一次债权人会议由人民法院召集，自债权申报期限届满之日起十五日内召开。

以后的债权人会议，在人民法院认为必要时，或者管理人、债权人委员会、占债权总额四分之一以上的债权人向债权人会议主席提议时召开。

注解

1. 债权人会议的召开

（1）第一次债权人会议的召开。本法规定，第一次债权人会议应在债权申报期限届满之日起15日内召开。在人民法院就裁定受理破产申请发出的通知和发布的公告中，应当载明第一次债权人会议召开的时间、地点，以使债权人周知。依照本法第45条的规定，债权申报期限自人民法院发布受理破产申请的公告之日起，最短不少于30日，最长不得超过3个月，具体期限由人民法院确定。第一次债权人会议召开过早，可能会因有些债权人尚未申报债权而不能参加会议，这无异于不恰当地剥夺了其应有的权利；或者因债权人来不及作参加会议的准备而影响其权利的行使。召开的时间过晚，势必延长破产程序，对债权人不利。因此，第一次债权人会议应在法定期限内召开。

依照本法第62条的规定，第一次债权人会议应由人民法院负责召集。第一次债权人会议讨论的事项，法律未作规定。在本次会议上，通常应向债权人会议成员通报债务人的生产、经营、财产、债务等基本情况以及债权的申报和审查情况；宣布债权人会议的职权及其他有关事项；决定是否选任债权人委员会，决定选任债权人委员会的，可以在该次会议上选任债权委员会成员。如果债务人的和解申请已经法院裁定同意，债务人向第一次债权人会议提出了和解协议草案的，本次会议应表决是否接受和解协议。

（2）债权人会议在必要时召开。除第一次债权人会议为法律规定必须召开，并须在法律规定的期限内召开外，对以后是否还须召开债权人会议及何时召开，法律未作强制性规定。由于债权人会议是在破产程序中，在法定范围内实行债权人自治、维护债权人共同利益的机构，是全体债权人的意思表示机关。因此，在破产程序中，凡涉及债权人利益的重大事项，依法应当由债权人会议表决决定的，除在第一次债权人会议上已议决的以外，都应及时召开债权人会议。依照本法第62条第2款的规定，第一次债权人会议以后的债权人会议，应在下列情况下召开：①在人民法院认为必要时召开。作为在破产程序中起主导作用的人民法院，在认为有涉及债权人利益的重大事项、需要召开债权人会议的，应决定召开债权人会议。②在管理人、债权人委员会向债权人会议主席提议时召开。作为在破产程序中负责破产财产的管理、变卖和分配等事务的管理人和代表全体债权人监督破产程序进行的债权人委员会，认为有涉及债权人利益的重大事项，需要召开债权人会议的，应提议债权人会议主席召开债权人会议。③占债权总额1/4以上债权人向债权人会议主席提议时召开。债权人认为有涉及自身利益的重大事项，应召开债权人会议决定或者发表意见的，例如，债权人认为管理人不称职需要撤换的，也可以提议召开债权人会议。考虑到债权人会议是代表债权人整体利益的机关，不能仅因涉及个别债权人利益的事项召开会议；召开债权人会议需要开支费用，频繁召开债权人会议会不适当地加大破产成本，对全体债权人不利。因此，本法规定，只有当提议召开债权人会议的债权人所代表债权额占全部已确定的债权总额的1/4以上时，才能由债权人会议主席依提议召开债权人会议。

2. 债权人会议的召集和主持

债权人会议以集体讨论和表决的方式行使法定职权，需有人负责召集开会和主持会议，包括说明会议议程、维护会议秩序、安排发言顺序、主持进行表决并宣布表决结果，向人民法院报告表决结果等。

依照本法第62条的规定，第一次债权人会议由人民法院召集。以后的债权人会议由谁负责召集，法律未作明确规定。但依照该条关于"以后的债权人会议，在人民法院认为必要时召开，或者管理人、债权人委员会、占已确定债权总额1/4以上的债权人向债权人会议主席提议时召开"的规定理解，以后的债权人会议，应由债权人会议主席负责召集。

在人民法院提出召开债权人会议，或者管理人、债权人委员会、占已确定债权总额1/4以上的债权人提议召开债权人会议时，债权人会议主席应当召集会议。

配套

《最高人民法院关于审理企业破产案件若干问题的规定》第39-46条

第六十三条 【通知债权人】召开债权人会议，管理人应当提前十五日通知已知的债权人。

注解

为使债权人能够作好参加债权人会议的必要准备，以准时参加会议，充分发表自己的意见，行使自己的权利，应当将召开债权人会议的有关事项，提前书面通知债权人。依照本法的规定，人民法院在发布裁定受理破产申请的通知和公告中，应当列明第一次债权人会议召开的日期和地点。以后债权人会议的召开，应由管理人提前15日通知已知的债权人。通知应当载明召开债权人会议的时间、地点和议程。

第六十四条 【债权人会议的决议】债权人会议的决议，由出席会议的有表决权的债权人过半数通过，并且其所代表的债权额占无财产担保债权总额的二分之一以上。但是，本法另有规定的除外。

债权人认为债权人会议的决议违反法律规定，损害其利益的，可以自债权人会议作出决议之日起十五日内，请求人民法院裁定撤销该决议，责令债权人会议依法重新作出决议。

债权人会议的决议，对于全体债权人均有约束力。

注解

债权人会议是代表全体债权人整体利益的意思表示机关，应当在多数债权人意思表示的基础上，体现全体债权人的共同意愿。为此，凡依法应由债权人会议决定的事项，必须获得有表决权的债权人会议成员的多数同意，才能通过。

破产程序中的各债权人，情况可能很不相同。有些债权人所拥有的债权数额可能很小，有的债权人所拥的债权数额可能很大。在人数上占多数的债权人，所代表的债权数额可能只占少数；在人数上占少数甚至是个别的债权人（如债务人的贷款银行），所代表的债权数额可能占绝大多数。为防止在债权人会议上完全按多数小额债权人的意愿作出决定，损害少数大额债权人的利益，同时又避免只按少数大额债权人的意愿作出决定，损害多数小额债权人的利益，

本法规定，债权人会议的决议，由出席会议的有表决权的债权人的过半数通过，并且其所代表的债权额占无财产担保债权总额的 1/2 以上；但是，通过和解协议草案的决议，必须占无财产担保债权总额的 2/3 以上。债权人会议通过重整计划草案，则实行按债权分类分组表决的办法，本法对此另作了专门规定。

应用

41. 债权人会议的决议在什么情况下应当撤销?

破产程序中设立债权人会议的宗旨，在于赋予全体债权人以适当的自治权，以维护全体债权人的共同利益。债权人会议作出的任何决议，均应符合债权人会议的宗旨，不得损害部分债权人的合法权益。否则，利益受到损害的债权人有权对债权人会议通过的决议提出异议，要求撤销该项决议。本条第 2 款对此作了相应的规定。

（1）债权人有权向人民法院提出撤销债权人会议决议的事由是，债权人会议的决议违反法律，包括决议的实体内容违反本法或者其他法律的规定，或者作出决议的程序违反本法的规定，使得提出异议的债权人的合法权益受到损害。

（2）有权申请人民法院裁定撤销债权人会议决议的债权人，包括在表决时对债权人会议的决议表示反对或者因有异议而弃权的债权人，也包括未出席债权人会议的有异议的债权人。

（3）申请裁定撤销债权人会议决议的，应当自债权人会议决议通过之日起 15 日内向人民法院提出。期限过长，将会延误破产程序的进行，于债权人也不利。同时，依照《民事诉讼法》关于"当事人对自己提出的主张，有责任提供证据"的规定，提出申请的债权人应当向法院提出债权人会议决议违反法律规定，损害其合法权益的证据。

（4）债权人会议的决议是否有应予撤销的情形，由人民法院裁量，据以作出撤销该决议或者驳回申请的裁定。对该项裁定不得上诉。

人民法院裁定撤销债权人会议决议的，应当责令债权人会议重新作出决议。

配套

《最高人民法院关于审理企业破产案件若干问题的规定》第43条

第六十五条　【法院裁定事项】本法第六十一条第一款第八项、第九项所列事项，经债权人会议表决未通过的，由人民法院裁定。

本法第六十一条第一款第十项所列事项，经债权人会议二次表决仍未通过的，由人民法院裁定。

对前两款规定的裁定，人民法院可以在债权人会议上宣布或者另行通知债权人。

应 用

42. 人民法院对于债权人会议不能及时作出决议的哪些议题可以作出裁定？

为了使破产程序有序地进行下去，各项需要的事项必须作出决定，而债权人会议作为一个多数人协商的机构，不能保证所有的问题都能达成一致的协议，形成会议决议。而破产程序要进行下去，又必须就一些问题形成结论性的方案。为了避免破产程序的拖延，本法规定了人民法院对于债权人会议不能及时作出决议的议题，可以作出裁定。破产程序过程中，需要对破产财产进行处理、变价，以便进行破产财产的分配。债务人财产的管理方案、破产财产的变价方案影响到破产财产的大小，债权人会因为对破产财产的不同认识而导致债权人在对这两个方案讨论时，久拖不决，妨碍破产程序的进行。而这两个方案如果不能形成的话，破产程序无法继续进行。在这种情况下，人民法院行使审判权，作出关于债务人财产的管理方案、破产财产的变价方案的裁定，是必要的。

破产财产的分配方案直接关系到债权人的利益实现，在这项方案上，尤其要尊重债权人的自主权，因此，法律规定需要债权人会议经过两次表决，仍然通不过破产财产的分配方案的决议后，人民法院才可以作出破产财产的分配方案的裁定。

《最高人民法院关于审理企业破产案件若干问题的规定》第44条

第六十六条 【**债权人申请复议**】债权人对人民法院依照本法第六十五条第一款作出的裁定不服的，债权额占无财产担保债权总额二分之一以上的债权人对人民法院依照本法第六十五条第二款作出的裁定不服的，可以自裁定宣布之日或者收到通知之日起十五日内向该人民法院申请复议。复议期间不停止裁定的执行。

破产程序作为保证破产财产在债权人之间公平分配的程序，必须保证公平，但同时也应讲求效率。在须经债权人会议表决的事项中，有些必须要办的事项，可能会因为债权人利益和要求的不一致而难以取得表决通过所须的双重多数。为避免破产清算程序因债权人会议不能形成决议而久拖不决，本法规定，对破产财产的管理方案、变价方案，经债权人会议表决未通过的，由人民法院作出裁定；对破产财产的分配方案，经债权人会议二次表决仍不能通过的，由人民法院作出裁定。债权人对人民法院作出的裁定不服的，可以依照本条的规定向作出裁定的人民法院申请复议，但复议期间不影响裁定的执行。

第二节 债权人委员会

第六十七条 【**债权人委员会的组成**】债权人会议可以决定设立债权人委员会。债权人委员会由债权人会议选任的债权人代表和一名债务人的职工代表或者工会代表组成。债权人委员会成员不得超过九人。

债权人委员会成员应当经人民法院书面决定认可。

债权人委员会不是法定的必设机构，其设立与否由债权人会议自行决定。对破产财产数额较小、债权人数量较少的破产案件，可以不设债权委员会。债权人委员会是债权人会议的代表机构，其成员应由债权人会议决定。

依照本法的规定，债权人委员会成员应由债权人会议按照法定的表决程序，从债权人中选任。为维护破产企业职工的权益，债权人委员会成员中还必须有一名由职工推荐的职工代表或者工会的代表。债权人委员会的监督要有效率，人数不得过多。本法规定，债权人委员成员人数不得超过九人，即最多由债权人会议选出的八名债权人代表和一名职工或工会代表组成。

第六十八条　【债权人委员会的职权】债权人委员会行使下列职权：

（一）监督债务人财产的管理和处分；

（二）监督破产财产分配；

（三）提议召开债权人会议；

（四）债权人会议委托的其他职权。

债权人委员会执行职务时，有权要求管理人、债务人的有关人员对其职权范围内的事务作出说明或者提供有关文件。

管理人、债务人的有关人员违反本法规定拒绝接受监督的，债权人委员会有权就监督事项请求人民法院作出决定；人民法院应当在五日内作出决定。

`注 解`

债权人委员会是代表债权人对破产程序中的有关事项实施监督的机构，主要是对管理人的行为实施监督。本法规定，债权人委员会有权对债务人财产的管理和处分实施监督，对债务人财产的分配实施监督，并可行使债权人会议委托其行使的其他职权。依照本法第69条的规定，管理人实施对债权人利益有重大影响的处分债务人财产的行为，应当向债权人委员会报告。债权人委员会认为管理人的行为违反债权人会议决议，损害债权人利益的，或者管理人、债务人拒绝接受监督的，可以就监督事项请求人民法院作出决定，人民法院应当在5日内作出相应的决定。债权人委员会认为有必要召开债权会议时，有权提议召开债权人会议。

43. 债权人委员会履行职务有何保障?

债权人委员会履行职务有一定的保障。首先,有程序上的保障。债权人委员会执行职务时,有权要求管理人、债务人对其职权范围内的事务作出说明或者提供有关文件。如果管理人、债务人拒绝接受监督的,债权人委员会有权就监督事项请求人民法院作出决定。对于债权人委员会的请求,人民法院应当在五日内作出决定。对于这一决定的效力,本法没有规定。应当认为,人民法院的决定具有强制执行力,债权人委员会可以根据人民法院的决定申请人民法院强制管理人、债务人对其职权范围内的事务作出说明或者提供有关文件。其次,有实体上的保障。如果债权人委员会在监督中发现管理人、债务人的行为有损于债权人利益的,可以提议召开债权人会议,通过债权人会议作出各种决议来实现监督之责。

第六十九条　【管理人行为的告知】 管理人实施下列行为,应当及时报告债权人委员会:

(一) 涉及土地、房屋等不动产权益的转让;

(二) 探矿权、采矿权、知识产权等财产权的转让;

(三) 全部库存或者营业的转让;

(四) 借款;

(五) 设定财产担保;

(六) 债权和有价证券的转让;

(七) 履行债务人和对方当事人均未履行完毕的合同;

(八) 放弃权利;

(九) 担保物的取回;

(十) 对债权人利益有重大影响的其他财产处分行为。

未设立债权人委员会的,管理人实施前款规定的行为应当及时报告人民法院。

注 解

本条详细列举了管理人应当向债权人委员会报告的工作内容,实际上是本法第 68 条规定的债权人委员会监督对债务人财产的管理和处分行为的具体化，是从管理人义务的角度对监督内容作出的规定。

配套

《企业破产法》第 68 条；《适用破产法规定（三）》第 15 条

第八章　重　　整

第一节　重整申请和重整期间

第七十条　【重整申请】债务人或者债权人可以依照本法规定，直接向人民法院申请对债务人进行重整。

债权人申请对债务人进行破产清算的，在人民法院受理破产申请后、宣告债务人破产前，债务人或者出资额占债务人注册资本十分之一以上的出资人，可以向人民法院申请重整。

注解

破产重整制度是本法新引入的一项制度，是对可能或已经发生破产原因但又有希望再生的债务人，通过各方利害关系人的协商，并借助法律强制性地调整他们的利益，对债务人进行生产经营上的整顿和债权债务关系上的清理，以期摆脱财务困境，重获经营能力的特殊法律制度。通过破产重整，可以使债务人重获新生，避免因企业破产清算而带来的职工下岗等一系列社会问题，体现了现代破产法实施破产预防的程序目的。

对债务人实施破产重整，主要目的在于对其进行挽救，因此破产重整的原因，相对宽松。按照企业破产法的规定，破产重整的原因包括两种：①企业法人不能清偿到期债务，并且资产不足以清偿全部债务或者明显缺乏清偿能力的。即当企业法人具有一般破产原因的，可以对其实施重整。②企业法人有明显丧失清偿能力可能的。即企业法人不具备破产原因，但有可能丧失清偿能力的，虽然不能对其实施破产清算或者破产和解，但为了挽救企业，也可以对其进行破产重整。

按照本法的规定，可以申请对债务人进行破产重整的包括三类当事人：

债权人、债务人以及出资额占债务人注册资本 1/10 以上的出资人。

配套

《企业破产法》第 2、7、134 条

第七十一条　【裁定重整与公告】 人民法院经审查认为重整申请符合本法规定的，应当裁定债务人重整，并予以公告。

应用

44. 人民法院如何审查重整申请?

（1）对重整申请进行审查。人民法院收到申请人提交的重整申请书和有关证据以后，应当依法进行审查。审查的目的在于审核债务人是否符合法律规定的进行重整的条件。审查包括两个方面：①实质审查。主要是审查债务人是否具有不能清偿到期债务，并且资产不足以清偿全部债务或者明显缺乏清偿能力的，或者有明显丧失清偿能力可能的情形，即法律规定的可以进行重整的条件。②形式审查。主要是对申请人的资格、申请书的形式和内容、接收重整申请书的法院有无管辖权、重整费用的缴纳等事项进行审查。

（2）裁定债务人重整并予以公告。人民法院经过对重整申请进行审查以后，认为重整申请符合本法规定条件的，即应当作出准许债务人重整的裁定，并予以公告。公告应当载明申请人、被申请人的名称或者姓名，人民法院裁定债务人重整开始的时间，申报债权的期限、地点和申报的注意事项，管理人的名称或者姓名及其处理事务的地址，债务人的债务人或者财产持有人应当向管理人清偿债务或者交付财产的要求，第一次债权人会议召开的时间和地点以及人民法院认为应当公告的其他事项。

第七十二条　【重整期间】 自人民法院裁定债务人重整之日起至重整程序终止，为重整期间。

注解

重整期间是自人民法院裁定债务人重整之日起至重整程序终止的期间。重整程序终止有以下情形：①根据第 78 条规定，在重整期间，由于三种债务人的情形，经管理人或者利害关系人的申请，人民法院裁定终止重整程序；②根据第 79 条规定，债务人或者管理人未按期提出重整计划草案的，人民法院应当裁定终止重整程序，并宣告债务人破产；③根据第86条和第87条规定，人民法院经审查认为重整计划符合本法规定的，应当裁定批准，终止重整程序，并予以公告；④根据第88条规定，重整计划草案未获得通过且未依照本法第87条的规定获得批准，或者已通过的重整计划未获得批准的，人民法院应当裁定终止重整程序，并宣告债务人破产。重整程序终止之日，即重整期间结束之日。这一期间，没有期限限制。

配 套

《企业破产法》第78、79、86—88条

第七十三条　【债务人自行管理与营业】在重整期间，经债务人申请，人民法院批准，债务人可以在管理人的监督下自行管理财产和营业事务。

有前款规定情形的，依照本法规定已接管债务人财产和营业事务的管理人应当向债务人移交财产和营业事务，本法规定的管理人的职权由债务人行使。

注 解

本法的规定，自人民法院裁定债务人重整之日起至重整程序终止，为重整期间。重整期间又被称为重整保护期，依照本法的规定，其间对各方当事人的行为要进行一定的限制：（1）经债务人申请，人民法院批准，债务人可以在管理人的监督下自行管理财产和营业事务。即在重整期间，可以恢复债务人对其财产的管理权。（2）对债务人的特定财产享有的担保权暂停行使。但是，担保物有损坏或者价值明显减少的可能，足以危害担保权人权利的，担保权人可以向人民法院请求恢复行使担保权。（3）债务人合法占有的他人财产，该财产的权利人请求取回的，应当符合事先约定的条件。（4）债务人的出资人不得请求投资收益分配。（5）债务人的董事、监事、高级管理人员除经人民法院同意，不得向第三人转让其持有的债务人的股权。

配 套

《企业破产法》第25条

第七十四条　【管理人管理与营业】管理人负责管理财产和

营业事务的，可以聘任债务人的经营管理人员负责营业事务。

管理人负责主持营业，可以将营业事务交托给债务人的管理层，聘任债务人企业的经营管理人员负责企业的营业事务，并对其实施监督。这是因为债务人企业的经营管理人员具有丰富的经验，而且对企业状况最熟悉，由其负责企业的营业事务，为债务人在继续营业中发挥作用提供了一定的机会，有利于企业继续经营，尽早恢复企业活力。

在债务人没有申请自行管理财产和营业事务，或者债务人申请未获法院批准的情况下，应当由管理人行使其根据本法规定获得的职权，负责管理债务企业的财产和营业事务。

第七十五条　【重整期间担保权的行使与借款】在重整期间，对债务人的特定财产享有的担保权暂停行使。但是，担保物有损坏或者价值明显减少的可能，足以危害担保权人权利的，担保权人可以向人民法院请求恢复行使担保权。

在重整期间，债务人或者管理人为继续营业而借款的，可以为该借款设定担保。

45. 重整期间担保权可以行使吗？

担保权的行使，主要是通过以债务人的特定财产折价或者以拍卖、变卖该财产的价款优先受偿，其后果是导致债务人现有财产的减少。这对于处于重整期间的债务人而言，是十分不利的。因为进入重整程序的债务人，本来就已经处于十分困难的境地，进行重整的目的就是想通过重整，在现有实际占有财产的基础上，通过继续营业，摆脱困境，如果此时再减少其财产，等于是削弱其继续营业的物质基础。因此，在重整期间，对债务人的特定财产享有的担保权暂停行使。但是，担保物有损坏或者价值明显减少的可能，足以危害担保权人权利的，担保权人可以向人民法院请求恢复行使担保权。

因此，在重整期间，对债务人的特定财产享有的担保权，以暂停行使为原则，以不停止行使为例外。即权利人对债务人的特定财产行使担保权，必须符合法定条件并经人民法院准许。

46. 重整期间债务人可以提供担保吗？

债务人提供担保，等于是增加新的债务，不利于已有债权人的利益。因此，本法在有关债务人财产中规定，在人民法院受理破产申请前1年内，对没有财产担保的债务提供担保的，管理人有权请求人民法院予以撤销；因此取得的债务人财产，管理人有权追回。因此，对于已经进入破产程序的债务人，原则上不允许再设定新的担保。

但是，在重整期间，如果还是一律不允许设定新的担保，将产生因继续营业急需补充适当资金但又无法借款等现实问题，从而无法实现重整目标。因此，针对重整期间的特殊情况，在特定条件下，仍然可以提供担保。（1）为继续营业需要取回质物、留置物而提供替代担保。质押是指债务人或者第三人将其动产移交债权人占有，将该动产作为债权的担保，在债务人不履行债务时，债权人有权依法以该动产折价或者以拍卖、变卖该动产的价款优先受偿；其中债务人移交的动产，就是质物。留置是指因保管合同、运输合同、加工承揽合同发生的债权，债权人按照合同约定占有债务人的动产，债务人不按照合同约定的期限履行债务的，债权人有权依法留置该财产，以该财产折价或者以拍卖、变卖该财产的价款优先受偿；其中被债权人留置的财产，就是留置物。质物、留置物包括机器、交通运输工具、原材料等，由债权人实际占有。在重整期间，债务人或者管理人为了继续营业，可以通过提供为债权人接受的担保，取回质物、留置物。（2）为继续营业需要借款而新设担保。所谓借款，是指借款人向贷款人借款，到期返还借款并支付利息的行为。在重整期间，债务人或者管理人为了继续营业而借款的，可以为该借款设定担保。

第七十六条　【重整期间的取回权】 债务人合法占有的他人财产，该财产的权利人在重整期间要求取回的，应当符合事先约定的条件。

注　解

本条是关于取回权的规定。所谓取回权，是指由债务人合法占有但不属于债务人财产范围的财产，其权利人在重整期间行使取回该财产的权利。所谓合法占有，是指债务人占有他人财产，具有法律规定或者合同约定的依据。如债务人通过与他人签订机器设备的租赁合同，租用他人的机器设备，即为依据租赁合同的约定合法占有他人的机器设备。在重整期间，债务人合法占有的他人财产，该财产的权利人不能因为债务人进行重整而要求取回。如果该财产的权利人要求取回财产的，应当符合原来约定的条件，如机器设备的租赁期限届满等，方可要求取回。

第七十七条　【重整期间对出资人收益分配与董事、监事、高级管理人员持股转让的限制】在重整期间，债务人的出资人不得请求投资收益分配。

在重整期间，债务人的董事、监事、高级管理人员不得向第三人转让其持有的债务人的股权。但是，经人民法院同意的除外。

注 解

破产重整裁定生效后，出资人和企业管理人员的权利都受到限制。在重整程序中，债权人的权利受到限制，出资人和企业管理人员的权利更加应当受到限制：（1）债务人的出资人不得请求投资收益分配。请求投资收益分配，意味着债务人财产的减少，从而可能影响债权人的利益。即使在重整期间的经营状况明显好转，取得较好的生产经营收入，也应当首先清偿债务、弥补亏损，而不能将收入直接分配给出资人。因为，债务人的出资人不得请求投资收益分配。（2）债务人的董事、经理以及其他高级管理人员，不得向第三人转让其个人对债务人持有的股权。但是，经人民法院同意的除外。债务人的董事、经理以及其他高级管理人员，往往也是公司、企业的股东。根据有关法律规定，股东有权转让自己的全部或者部分股权。但是，在债务人不能清偿到期债务，并且资产不足以清偿全部债务或者明显缺乏清偿的能力，或者有明显丧失清偿能力的可能，已经进入重整阶段的情况下，如果董事、监事、高级管理人员转让自己持有的股权，不仅有可能影响债权人的利益，还有可能影响第三人的利益，因此不得向第三人转让其个人对债务人持有的股权。但是，人民法院出于其他考虑同意的除外。

第七十八条　【重整终止与破产宣告】在重整期间，有下列情形之一的，经管理人或者利害关系人请求，人民法院应当裁定终止重整程序，并宣告债务人破产：

（一）债务人的经营状况和财产状况继续恶化，缺乏挽救的可能性；

（二）债务人有欺诈、恶意减少债务人财产或者其他显著不利于债权人的行为；

（三）由于债务人的行为致使管理人无法执行职务。

应用

47. 什么情况下破产重整程序终止？

本法规定，在重整计划提交表决前，可以基于两类原因提前终止重整程序。（1）继续重整存在重大障碍。如果债务人的经济状况或者行为显示其没有拯救可能，应当立即终止重整并转入破产清算，以避免因债务人财产的无谓消耗给债权人带来清偿利益的损失。所以，本条规定，在重整期间，有下列情形之一的，经管理人或者利害关系人请求，人民法院应当裁定终止重整程序，并宣告债务人破产：债务人的经营状况和财产状况继续恶化，缺乏挽救的可能性；债务人有欺诈、恶意减少债务人财产或者其他显著不利于债权人的行为；由于债务人的行为致使管理人无法执行职务。（2）未按时提交重整计划草案。为了减少重整程序的成本和避免重整程序的滥用，本法对提交重整计划草案有严格的时间规定。根据第79条的规定，债务人或者管理人自人民法院裁定债务人重整之日起6个月内，或者在人民法院裁定延期后的3个月内，没有向人民法院和债权人会议提交重整计划草案的，人民法院应当裁定终止重整程序，并宣告债务人破产。

重整计划提交表决后，人民法院经审查认为重整计划草案符合法律规定的，应当自收到申请之日起30日内裁定批准，终止重整程序，并予以公告；反之，经审查认为重整计划不符合上述规定的，则应当裁定终止重整程序，并宣告债务人破产。

第二节 重整计划的制定和批准

第七十九条 【重整计划草案的提交期限】债务人或者管理人应当自人民法院裁定债务人重整之日起六个月内，同时向人民法院和债权人会议提交重整计划草案。

前款规定的期限届满，经债务人或者管理人请求，有正当理由的，人民法院可以裁定延期三个月。

债务人或者管理人未按期提出重整计划草案的，人民法院应当裁定终止重整程序，并宣告债务人破产。

应 用

48. 提交重整方案的期限是多少？

自行管理财产和营业事务的债务人或者人民法院指定的管理人，提出重整计划草案的期限，为人民法院裁定债务人重整之日起 6 个月内。债务人或者管理人应当在这个期限内提出重整计划草案。如果有正当理由，需要延长提出重整计划草案的期限的，债务人或者管理人应当在期限届满时，向人民法院提出请求，经人民法院裁定后，可以延期 3 个月。因此，提出重整计划草案的期限，一般为 6 个月，特殊情况经人民法院裁定可延期 3 个月，这样最长的时间为 9 个月。

第八十条 **【重整计划草案的制作主体】**债务人自行管理财产和营业事务的，由债务人制作重整计划草案。

管理人负责管理财产和营业事务的，由管理人制作重整计划草案。

第八十一条 **【重整计划草案的内容】**重整计划草案应当包括下列内容：

（一）债务人的经营方案；

（二）债权分类；

（三）债权调整方案；

（四）债权受偿方案；

（五）重整计划的执行期限；

（六）重整计划执行的监督期限；

（七）有利于债务人重整的其他方案。

本条规定的内容是重整计划的绝对必要记载事项。具体来讲，包括：

（1）债务人的经营方案。债务人经营方案是制定重整计划草案的重中之重。经营方案应当对债务人的资产状况、产品结构、市场前景等进行深入地分析和论证，找出债务人陷入濒临破产困境的原因，并以此提出解决之道。在制定经营方案时，应根据债务人的具体情况，有的放矢，提供切实可行的方案。

（2）债权分类。将各种利害关系人分门别类，分组表决，是我国《企业破产法》对重组计划表决方式的规定。债权根据性质不同，其让步幅度和清偿顺序也有所区别，一般可分为以下四类：①对债务人的特定财产享有担保权的债权；②债务人所欠职工的工资和医疗、伤残补助、抚恤费用，所欠的应当划入职工个人账户的基本养老保险、基本医疗保险费用，以及法律、行政法规规定应当支付给职工的补偿金；③债务人所欠税款；④普通债权，即由于各种合同违约或侵权形成的他人对债务人的债权以及担保权人放弃优先权或未受偿优先权而转成的普通债权。

（3）债权调整方案。债权调整方案是债务人对重整计划具体措施的体现。内容涉及企业整体情况的处理；企业重新发展的资金来源，主要包括可借入资本、出售部分财产换取资金、股份公司可征得证券监管部门的同意增发股票或债券募集资金、或进行合理的资本置换等。

（4）债权受偿方案。在债权受偿方案中，应规定各类债权变动的具体情况、债权的受偿时间、金额、受偿方式和受偿条件、履行的担保等。

（5）重整计划的执行期限。确定重整计划的执行期限应该恰当，以三至五年为宜。执行期限过长，如定为十年或二十年，不利于保护债权人利益；如果过短，难免操之过急，不利于重整计划的实现。

（6）重整计划执行的监督期限。对重整计划的执行进行监督是保证重整计划执行效果的一种重要手段。为了保证债务人严格按照重整计划进行企业重整工作，积极争取实现重整目标，在重整计划规定的监督期内，由管理人监督重整计划的执行。债务人应当向管理人报告重整计划执行情况和债务人财务状况。重整计划执行的监督期限，建议与重整计划的执行期限相一致，保证整个重整计划期间都在管理人的监督之下。这样不仅能带给债权人信任感和安全感，更有利于管理人对债务人经营状况深入了解，一旦出现债务人不能执行重整计划的情形，即可请求人民法院裁定终止重整计划的执行，进入破产清算程序。

（7）有利于债务人重整的其他方案。此项属于任意性内容，其内容可根据不同重整案件的具体情况而定。主要包括：待履行合同的终止或确认；债务人对抗第三方权利的行使或调整；债务人财产的运用；其他与重整计划有关的重要问题。

第八十二条 【债权分类与重整计划草案分组表决】 下列各类债权的债权人参加讨论重整计划草案的债权人会议，依照下列债权分类，分组对重整计划草案进行表决：

（一）对债务人的特定财产享有担保权的债权；

（二）债务人所欠职工的工资和医疗、伤残补助、抚恤费用，所欠的应当划入职工个人账户的基本养老保险、基本医疗保险费用，以及法律、行政法规规定应当支付给职工的补偿金；

（三）债务人所欠税款；

（四）普通债权。

人民法院在必要时可以决定在普通债权组中设小额债权组对重整计划草案进行表决。

注 解

分组表决是指将债权人按不同标准分为若干小组，再以小组为单位进行分别表决，然后按各组表决的结果计算关系人会议表决的结果。分组表决原则是由公平原则与平等原则发展而来的，其目的就在于相同权利同等对待。在重整计划的表决过程中，分组表决是一项重要的原则。采用分组表决，而不是笼统地合在一起表决的原因有三：

其一，各种类型的债权人对于债务企业要不要进入重整程序的态度是不一致的，如果合在一起按人数表决，会影响大额债权人或优先受偿权的利益；如果按照债权数额或者债权性质表决，则会影响小额债权人或普通债权人的合法权益。

其二，重整计划可以对不同组别的债权人或利益享有者作出区别对待。

这种区别对待的根据就是它们分属于不同的组别。

其三，对于同一组别的债权人应当作出相同的对待，这是平等原则的体现。分组以后，是否平等就显而易见了，同时对它们接受不平等的重整方案也有说服力。例如有优先受偿权的债权人对重整计划的通过比例与其他组别应有所区别；对法院强行通过重整计划的影响也有所不同。按照不同的债权人类别，分别进行表决，可以更加准确地探明各种债权人或权益享有者的态度，从而更加周到地保护它们的合法权益。

第八十三条　【不得减免的费用】重整计划不得规定减免债务人欠缴的本法第八十二条第一款第二项规定以外的社会保险费用；该项费用的债权人不参加重整计划草案的表决。

注 解

本法第82条第1款第2项中规定的"债务人所欠职工的工资和医疗、伤残补助、抚恤费用，所欠的应当划入职工个人账户的基本养老保险、基本医疗保险费用，以及法律、行政法规规定应当支付给职工的补偿金"作为破产债权是有可能作出让步的，而这个范围之外的社会保险费用包括养老、医疗保险的统筹基金部分和失业、工伤、生育保险费用。社会保险的经办机构是社会保险费用的债权人，而且不是一般的债权人。出于对社保制度健康运行的高度重视，这种债权不得减免。假如企业没有清偿这笔社会保险费用，职工在破产后发生的风险，如大病、失业等，会得不到社会保险机构的保障。因此，这些费用是不得规定减免的。也正因为这一债权没有受到任何限制，因此该项费用的债权人不参加重整计划草案的表决。

第八十四条　【重整计划草案的表决】人民法院应当自收到重整计划草案之日起三十日内召开债权人会议，对重整计划草案进行表决。

出席会议的同一表决组的债权人过半数同意重整计划草案，并且其所代表的债权额占该组债权总额的三分之二以上的，即为该组通过重整计划草案。

债务人或者管理人应当向债权人会议就重整计划草案作出说

明，并回答询问。

49. 债权人会议的决议采用何种方式?

债权人会议的决议，由出席会议的有表决权的债权人过半数通过，并且其所代表的债权额占无财产担保债权总额的1/2以上。但是，本法另有规定的除外。这里所说的"另有规定"，是指第84条关于通过重整计划的规定和第97条关于通过和解协议草案的规定。

配 套

《企业破产法》第64、97条

第八十五条　【出资人代表列席会议与出资人组表决】债务人的出资人代表可以列席讨论重整计划草案的债权人会议。

重整计划草案涉及出资人权益调整事项的，应当设出资人组，对该事项进行表决。

第八十六条　【表决通过重整计划与重整程序终止】各表决组均通过重整计划草案时，重整计划即为通过。

自重整计划通过之日起十日内，债务人或者管理人应当向人民法院提出批准重整计划的申请。人民法院经审查认为符合本法规定的，应当自收到申请之日起三十日内裁定批准，终止重整程序，并予以公告。

应 用

50. 重整草案怎样才具有法律效力?

重整计划经债权会议表决通过后，还不能立即产生法律效力，只有经法院批准后，才能对全体关系人产生拘束力。一般说来，重整程序既不实行完全的当事人主义，也不实行绝对的职权主义，而实行所谓的监督自治主义。反映在重整计划上，则表现为债权人会议的通过和法院的批准的有机统一。重整计划的批准就是指法院对经过债权人会议表决的重整计划予以批准，从而赋予重整计划以法律效力的行为。法院对重整计划的批准是其获得法律效力的必要条件。

重整计划草案经债权人会议讨论通过后，法院批准需要符合如下条件：一是必须在重整计划通过后 10 日内；二是债务人或者管理人应当向人民法院提出批准重整计划的申请；三是人民法院经审查认为符合本法规定的。人民法院应当自收到申请之日起 30 日内裁定批准，终止重整程序，并予以公告。

51. 最高法院与证监会会商机制应如何运行？

为解决重整与重大资产重组并行过程中司法权与行政权协调问题，最高人民法院《关于审理上市公司破产重整案件工作座谈会纪要》建立了最高法院与证监会的会商机制。

依照《中华人民共和国企业破产法》规定，重整计划草案由债权人会议分组表决；涉及出资人权益调整事项的，还应当设出资人组，对该事项进行表决。各表决组均表决通过重整计划草案后，还应提交法院审查，由法院裁定批准。即重整计划草案批准程序为"会议表决+司法裁定"。依照重组管理办法的规定，上市公司进行重大资产重组，应当由董事会依法作出决议，并提交股东大会批准。证监会依照法定条件和程序，对上市公司重大资产重组申请作出是否核准的决定。即重大资产重组程序为"内部决议+行政许可"。当重整程序中同时启动重大资产重组时，则存在"会议表决"、"内部决议"的公司内部治理结构冲突与"司法裁定"、"行政许可"的外部监管权力冲突。

根据最高人民法院《关于审理上市公司破产重整案件工作座谈会纪要》（以下简称座谈会纪要）第八条的规定，重整计划草案涉及证券监管机构行政许可事项的，受理案件的法院应当通过最高法院，启动与证监会的会商机制。即由最高法院将有关材料函送证监会，证监会安排并购重组专家咨询委员会对会商案件进行研究。并购重组专家咨询委员会应当按照与并购重组审核委员会相同的审核标准，对提起会商的行政许可事项进行研究并出具专家咨询意见。人民法院应当参考专家咨询意见，作出是否批准重整计划草案的裁定。（《最高人民法院公报》2017 年第 12 期：江苏舜天船舶股份有限公司破产重整案）

52. 重整期间是否允许投资人试生产？

在破产重整过程中，破产企业面临生产许可证等核心优质资产灭失、机器设备闲置贬损等风险，投资人亦希望通过试生产全面了解企业经营实力的，管理人可以向人民法院申请由投资人先行投入部分资金进行试生产。破产企业核心资产的存续直接影响到破产重整目的实现，管理人的申请有利于恢复破产企业持续经营能力，有利于保障各方当事人的利益，该试生产申请符合破产保护理念，人民法院经审查，可以准许。同时，投资人试生产在获得准许后，应接受人民法院、管理人及债权人的监督，以公平保护各方的合法权益。（最高人民法院指导案例164号：江苏苏醇酒业有限公司及关联公司实质合并破产重整案）

第八十七条　【裁定批准重整计划与重整程序终止】部分表决组未通过重整计划草案的，债务人或者管理人可以同未通过重整计划草案的表决组协商。该表决组可以在协商后再表决一次。双方协商的结果不得损害其他表决组的利益。

未通过重整计划草案的表决组拒绝再次表决或者再次表决仍未通过重整计划草案，但重整计划草案符合下列条件的，债务人或者管理人可以申请人民法院批准重整计划草案：

（一）按照重整计划草案，本法第八十二条第一款第一项所列债权就该特定财产将获得全额清偿，其因延期清偿所受的损失将得到公平补偿，并且其担保权未受到实质性损害，或者该表决组已经通过重整计划草案；

（二）按照重整计划草案，本法第八十二条第一款第二项、第三项所列债权将获得全额清偿，或者相应表决组已经通过重整计划草案；

（三）按照重整计划草案，普通债权所获得的清偿比例，不低于其在重整计划草案被提请批准时依照破产清算程序所能获得的清偿比例，或者该表决组已经通过重整计划草案；

（四）重整计划草案对出资人权益的调整公平、公正，或者出资人组已经通过重整计划草案；

（五）重整计划草案公平对待同一表决组的成员，并且所规定的债权清偿顺序不违反本法第一百一十三条的规定；

（六）债务人的经营方案具有可行性。

人民法院经审查认为重整计划草案符合前款规定的，应当自收到申请之日起三十日内裁定批准，终止重整程序，并予以公告。

53. 什么是法院对重整计划草案的强制批准？

为了保证债权人收益最大化，维护社会整体利益，增加重整计划通过的可能性，本法赋予人民法院司法裁量权，对符合本法第87条规定情形的重整计划，人民法院应当强制批准。

重整计划草案未获通过的，人民法院在强制批准前，债务人或者管理人可以同未通过重整计划草案的表决组协商。该表决组可以在协商后再行表决一次。但是，双方在协商中达成的妥协，不得损害其他表决组的利益。债务人或者管理人与未通过重整计划草案的表决组协商以后，该表决组再行表决仍未通过重整计划草案，则进入强制批准程序。强制批准的条件体现了公平补偿原则。公平补偿原则是指如果一组债权人或出资人反对一项重整计划，则该项重整计划就要保证这些持反对意见的组别获得公平对待。从第87条的规定来看，主要体现在以下几个方面：其一，如果不同意重整计划草案的组别为担保债权人，则该重整计划草案能够满足其全部债权，其因延期清偿所受的损失将得到公平补偿，并且其担保权并没有受到实质性损害。其二，如果反对重整计划通过的组别为企业职工或者是税务机关，则该重整计划能够全额清偿其债权。其三，如果反对重整计划通过的组别属于普通债权，则该重整计划能够保证普通债权人所获得的清偿，不少于按照清算所能够获得的清偿比例。其四，如果反对重整计划通过的组别是出资人，则该重整计划草案对出资人权益的调整应当保证公平、公正。只有不同意重整计划的组别，能够依上述条件获得保障，法院才能强制性地批准重整计划。

值得指出的是，如果部分组别不同意重整计划，法院需要按照公平补偿原则，对重整计划草案进行调整，调整后达到上述标准，法院即可强制性批准。如果法院仅对部分不同意的组别进行利益调整，而不对其他组别实施相类似的调整，法院则不得行使强制性批准的权力。此外，法院在作出强制性批准前，还要对重整计划草案进行清偿顺序审查和可行性审查。人民法院对债务人或者管理人的申请进行审查后认为符合前款规定的，应当自收到申请之日起 30 日内裁定批准，终止重整程序，并予以公告。

第八十八条 【重整程序的非正常终止】重整计划草案未获得通过且未依照本法第八十七条的规定获得批准，或者已通过的重整计划未获得批准的，人民法院应当裁定终止重整程序，并宣告债务人破产。

第三节　重整计划的执行

第八十九条 【重整计划的执行主体】重整计划由债务人负责执行。

人民法院裁定批准重整计划后，已接管财产和营业事务的管理人应当向债务人移交财产和营业事务。

应　用

54. 谁来负责重整计划的执行？

所谓重整计划的执行，是指对重整计划的具体实施，即将重整计划规定的内容付诸于实际。重整计划的执行，是重整程序的最终落脚点，也是重整目的能否实现的实际检验。根据本法的规定，重整计划的执行，涉及由谁负责执行重整计划、由谁监督重整计划的执行、重整计划的法律效力以及重整计划没有得到执行或者执行完毕的法律后果等具体要求。

重整计划经人民法院批准以后，由债务人负责执行。债务人应当认真执行重整计划，严格按照重整计划规定的要求履行职责。管理人已经接管债务人财产和营业事务的，在人民法院裁定批准重整计划以后，应当及时向债务人移交接管的财产和营业事务，以保证债务人执行重整计划。

第九十条 【重整计划执行的监督与报告】自人民法院裁定批准重整计划之日起，在重整计划规定的监督期内，由管理人监督重整计划的执行。

在监督期内，债务人应当向管理人报告重整计划执行情况和债务人财务状况。

重整计划执行监督是指监督人对重整计划的执行进行全面监督的行为。本法将管理人作为重整计划执行监督人。监督人的职责是对重整人进行监督和指挥，但本身又须受法院的监督。重整计划经过严格的程序发生法律效力之后，在执行过程中，必须严格履行，不允许擅自变更或偏离。管理人就是为此而监督重整计划的执行。

（1）监督期限。本法没有具体规定重整计划的执行监督期限。其起始之日是人民法院裁定批准重整计划之日，具体期限由重整计划规定。该期限可以延长，经管理人申请，人民法院可以裁定延长重整计划执行的监督期限。

（2）监督人权利和义务。管理人作为监督人，有权要求债务人向其报告重整计划执行情况和企业财务状况。同时，管理人还承担一定的义务，即监督期届满时，管理人应当向人民法院提交监督报告。

（3）利害关系人的权利。重整成功与否和利害关系人利益攸关，因此规定重整计划的利害关系人有权查阅管理人向人民法院提交的监督报告。

第九十一条　【监督报告与监督期限的延长】 监督期届满时，管理人应当向人民法院提交监督报告。自监督报告提交之日起，管理人的监督职责终止。

管理人向人民法院提交的监督报告，重整计划的利害关系人有权查阅。

经管理人申请，人民法院可以裁定延长重整计划执行的监督期限。

第九十二条　【重整计划的约束力】 经人民法院裁定批准的重整计划，对债务人和全体债权人均有约束力。

债权人未依照本法规定申报债权的，在重整计划执行期间不得行使权利；在重整计划执行完毕后，可以按照重整计划规定的同类债权的清偿条件行使权利。

债权人对债务人的保证人和其他连带债务人所享有的权利，不受重整计划的影响。

经人民法院裁定批准的重整计划，是在债权人会议表决的基础上形成的关于债务企业重整的计划，因此对债务人和全体债权人均有约束力。债权人未依照本法规定申报债权的，在重整计划执行期间不得行使权利。在重整计划执行期间，无论是否申报债权，破产债权都不得行使。在重整计划执行完毕后，可以按照重整计划规定的同类债权的清偿条件行使权利。债权人对债务人的保证人和其他连带债务人所享有的权利，不受重整计划的影响。债权人可以要求债务人的保证人和其他连带债务人清偿债务，债务人的保证人和其他连带债务人在清偿债务之前，可以申报债权，预先行使追偿权，但最终获得多大比例的分配，则根据案件具体情况而定。

第九十三条 【重整计划的终止】 债务人不能执行或者不执行重整计划的，人民法院经管理人或者利害关系人请求，应当裁定终止重整计划的执行，并宣告债务人破产。

人民法院裁定终止重整计划执行的，债权人在重整计划中作出的债权调整的承诺失去效力。债权人因执行重整计划所受的清偿仍然有效，债权未受清偿的部分作为破产债权。

前款规定的债权人，只有在其他同顺位债权人同自己所受的清偿达到同一比例时，才能继续接受分配。

有本条第一款规定情形的，为重整计划的执行提供的担保继续有效。

1. 申请重整计划终止执行的主体

重整成功与否，不仅关系到重整企业的利益，同时也与出资人、债权人等与企业有利害关系的人的利益相关联。当重整企业出现终止重整程序的情形时，受损害的是利害关系人，故原则上重整终止的发动应尊重利害关系人的意志。利害关系人提出申请，由法院裁定终止重整程序。

2. 重整计划终止执行的原因

债务人不能执行重整计划的情况下，人民法院应当裁定终止重整计划的执行。债务人不能执行，是债务人执行重整计划存在客观不能的情况；债务人不执行重整计划的情况下，人民法院应当裁定终止重整计划的执行。债务人不执行，是债务人存在主观不能的情况。

3. 重整计划终止执行的效力

程序上的效力为同时宣告债务人破产；实体上的效力，主要是对债权人的效力：（1）债权人因重整计划实施所受的清偿仍然有效。债权未受偿的部分，作为破产债权行使权利。接受了部分清偿的债权人，只有在其他债权人所受的清偿达到同一比例时，才能继续接受分配。（2）债权人在重整计划中作出的让步失去效力。（3）为重整计划执行提供的担保，在重整计划规定的担保范围内继续有效。

第九十四条 　【重整计划减免的债务不再清偿】按照重整计划减免的债务，自重整计划执行完毕时起，债务人不再承担清偿责任。

应　用

55. 按照重整计划减免的债务如何处理?

自重整计划执行完毕时起，按照重整计划减免的债务，债务人不再承担清偿责任。即重整计划减免的债务，只有在重整计划执行完毕时，才能发生效力。如果重整计划没有执行，该项债务仍然有效。

第九章　和　　解

第九十五条 　【和解申请】债务人可以依照本法规定，直接向人民法院申请和解；也可以在人民法院受理破产申请后、宣告债务人破产前，向人民法院申请和解。

债务人申请和解，应当提出和解协议草案。

56. 和解申请如何提出?

1. 提出和解申请的主体

提出和解申请的主体是债务人,即不能清偿到期债务,并且资产不足以清偿全部债务或者明显缺乏清偿能力的企业法人。根据本法第 7 条第 1 款的规定,债务人具有不能清偿到期债务,并且资产不足以清偿全部债务或者明显缺乏清偿能力的情形的,可以向人民法院提出重整、和解或者破产清算申请。因此,债务人享有和解申请权。同时,债务人在具有法定情形时,享有申请重整、和解或者破产清算的选择权。本法第 7 条第 2 款规定,债务人不能清偿到期债务,债权人可以向人民法院提出对债务人进行重整或者破产清算的申请。根据这一规定,债权人只能提出对债务人进行重整或者破产清算的申请,而不能提出和解的申请,即不享有和解申请权。

2. 提出和解申请的条件

债务人提出和解的基本条件是应当具有法定情形,即具有本法第 2 条第 1 款规定的"不能清偿到期债务,并且资产不足以清偿全部债务或者明显缺乏清偿能力"的情形。至于债务人应当在什么时候提出和解申请,本法第 95 条第 1 款的规定,允许债务人既可以直接向人民法院提出和解申请,也可以在法院受理破产申请后、宣告破产前申请和解,赋予债务人和解申请权行使的更大空间。债务人向人民法院提出和解申请,应当提交和解申请书,并提供有关证据。申请书应当载明申请人的基本情况、申请的事实和理由等事项。有关证据主要包括财产状况说明、债务清册、债权清册、有关财务会计报告等。此外,根据第 95 条第 2 款的规定,债务人还应当提交和解协议草案。

《企业破产法》第 7 条;《最高人民法院关于审理企业破产案件若干问题的规定》第 25 条

第九十六条 【裁定和解】人民法院经审查认为和解申请符合本法规定的,应当裁定和解,予以公告,并召集债权人会议讨论和解协议草案。

对债务人的特定财产享有担保权的权利人，自人民法院裁定和解之日起可以行使权利。

57. 对债务人的特定财产享有担保权的权利人如何行使权利?

根据本法规定，对债务人的特定财产享有担保权的权利人，自人民法院裁定和解之日起可以行使权利。因为有财产担保的债权人对于和解协议的通过没有表决权，和解程序的进行，必将延缓有财产担保的债权人权利的实现，为了保护有财产担保的债权人的利益，法律允许其自人民法院裁定和解之日起可以行使权利。问题是，有财产担保的债权人行使优先受偿权，是否应征得法院同意? 和解协议履行期间，有财产担保的债权人行使优先受偿权，一般都会影响到债务人的正常经营，将使和解协议无法履行下去，因此，应先征得人民法院的同意。债务人若为了避免担保物的执行导致企业经营难以进行，应与担保债权人单独达成和解。可以由债务人保证不使财产的价值贬损，可以再为担保债权人设立新的担保，使有财产担保的债权人的利益有所保障。

第九十七条　【通过和解协议】 债权人会议通过和解协议的决议，由出席会议的有表决权的债权人过半数同意，并且其所代表的债权额占无财产担保债权总额的三分之二以上。

债权人会议决议和解协议草案，应当按照特殊决议的表决方式进行。债权人会议通过和解协议的决议，由出席会议有表决权的债权人的过半数同意，并且其所代表的债权额，应当占无财产担保债权总额的2/3以上。对于和解协议草案的表决权与破产程序中一般决议的表决权不同，只有一般破产债权人有表决权。和解协议不影响有财产担保债权人的债权行使，因而有财产担保债权人对和解协议没有表决权。本法第96条规定了债权人会议通过和解协议的决议，需要出席会议有表决权的债权人的过半数同意。在计算人数是否过半数时，不包括有财产担保债权人。

第九十八条　【裁定认可和解协议并终止和解程序】 债权人会议通过和解协议的，由人民法院裁定认可，终止和解程序，并予以公告。管理人应当向债务人移交财产和营业事务，并向人民法院提交执行职务的报告。

债权人会议通过的和解协议并不当然具有法律效力，还必须经人民法院的审查和许可。人民法院应对债权人会议通过的和解协议进行审查，审查决议程序是否合法，是否违反法律、行政法规，协议是否损害了债权人的一般利益，如果没有不应认可的法定事由，人民法院应当许可和解协议。人民法院对和解协议的审查，是代表国家对当事人就其民事权利所作处分的监督。人民法院在审查中发现问题，能够通过修订和解协议纠正的，可以要求债权人会议与债务人进行纠正，无法纠正或者纠正后仍然不符合规定的，不予认可。人民法院认可和解协议的，应当作出裁定，同时终止和解程序，并予以公告。和解协议自公告之日起对所有债权人具有约束力。人民法院裁定终止和解程序的，管理人应当向债务人移交财产管理和营业事务，并向人民法院提交执行职务的报告。

第九十九条 【和解协议的否决与宣告破产】和解协议草案经债权人会议表决未获得通过，或者已经债权人会议通过的和解协议未获得人民法院认可的，人民法院应当裁定终止和解程序，并宣告债务人破产。

债权人会议通过和解协议草案，必须符合法律规定的条件，即由出席会议的有表决权的债权人过半数同意，并且其所代理的债权额占无财产担保债权总额的 2/3 以上，方为有效。和解协议草案经债权人会议表决，没有获得通过的，人民法院应当裁定终止和解程序，并宣告债务人破产。和解协议草案经债权人会议依法表决通过后，人民法院依法对和解协议进行审查。经审查认为和解协议存在不符合法律规定情形的，应当予以不认可。人民法院不予认可和解协议的，应当裁定终止和解程序，并宣告债务人破产。

第一百条 【和解协议的约束力】经人民法院裁定认可的和解协议，对债务人和全体和解债权人均有约束力。

和解债权人是指人民法院受理破产申请时对债务人享有无财产担保债权的人。

和解债权人未依照本法规定申报债权的，在和解协议执行期间不得行使权利；在和解协议执行完毕后，可以按照和解协议规定的清偿条件行使权利。

注 解

所谓和解协议的生效，是指和解协议开始发生法律约束力。本条明确规定，经人民法院裁定认可的和解协议，对债务人和全体和解债权人均有约束力。所谓和解债权人，是指人民法院受理破产申请时对债务人享有无财产担保债权的人，即普通债权人，包括不同意和解协议的债权人。债权人应当按照和解协议的规定接受清偿，不得向债务人要求和解协议规定以外的任何利益。只要债务人没有出现法定的、应予终结和解程序、宣告破产的事由，任何债权人均不得超越和解协议的约定实施干扰债务人正常生产经营和清偿活动的行为。

值得注意的是，和解协议对于在和解协议生效后发生的新债权不生效力。因为在和解协议生效后，债务人重新获得了对财产的支配权，为再生的需要，他必然要与他人发生新的交易，产生新的债权人。和解协议对这些新的债权人不产生任何效力，新债权人可以在和解协议外请求法院个别执行，债务人不能清偿债务的，甚至可以向法院申请债务人破产。

和解债权人没有依照法律规定申报债权的，在和解协议执行期间，不得行使权利；在和解协议执行完毕后，可以按照和解协议规定的清偿条件行使权利。

第一百零一条　【和解协议的影响】和解债权人对债务人的保证人和其他连带债务人所享有的权利，不受和解协议的影响。

注 解

和解协议的效力不及于保证人、连带债务人及物上保证人。根据本法第96条第2款和本条之规定，对债务人的特定财产享有担保权的权利人，自人民法院裁定和解之日起可以行使权利。和解债权人对债务人的保证人和其他连带债务人所享有的权利，不受和解协议的影响。

配 套

《企业破产法》第 96 条

第一百零二条　【债务人履行和解协议的义务】 债务人应当按照和解协议规定的条件清偿债务。

注 解

和解协议生效后，债务人重新取得对其财产的支配权。个别债权人不得向债务人追索债务，请求企业给付财产的民事诉讼、民事执行程序以及相关的诉讼保全措施均不得进行。债务人应当严格执行和解协议，不得给予个别债权人以和解协议以外的利益以防止在债权人之间产生不平等，影响和解协议的正常执行。

第一百零三条　【和解协议无效与宣告破产】 因债务人的欺诈或者其他违法行为而成立的和解协议，人民法院应当裁定无效，并宣告债务人破产。

有前款规定情形的，和解债权人因执行和解协议所受的清偿，在其他债权人所受清偿同等比例的范围内，不予返还。

应 用

58. 什么情形下，和解协议无效？应该如何处理？

所谓和解协议的无效，是指和解协议因具备法律规定的无效条件而没有效力。本条第 1 款明确规定，因债务人的欺诈或者其他违法行为而成立的和解协议，人民法院应当裁定无效。所谓欺诈，是指以故意告知虚假情况，或者故意隐瞒真实情况的方式，诱使他人作出错误意思表示的行为。所谓其他违法行为，是指除欺诈行为以外的其他违反法律规定的行为，如恶意串通，损害国家、集体或者第三人利益的行为等。

破产欺诈是和解协议无效的法定事由。破产欺诈的类型和具体情形是多种多样的，通常表现为以下方面：①隐匿、私分或无偿转让财产，有意使企业资产流失，人为造成无偿债能力，以达到破产条件，促使其破产；②公司、企业的法人代表或直接责任人以明显不合理的价格进行交易，引起企业资产流失，造成无偿债能力的假象；②对没有财产担保的债务提供财产担保，使这种债务在破产清偿时享有优先受偿权，侵害其他债权人的利益；④对未到期债务提前清偿，公司、企业的法人代表或直接责任人和个别债权人恶意串通，剥夺其他债权人应得的利益；⑤公司、企业的法人代表及其直接责任人放弃自己的债权，人为造成无偿债能力，以达到破产之目的；⑥公司、企业的法人代表或其直接责任人采取非法手段，毁弃、涂改账簿和做虚假财务报表，故意造成履债不能的表象并骗取相关职能部门的批准，以达到破产之目的。债务人在和解后被发现有以上欺诈行为的，债权人可以向人民法院申请确认和解协议无效，人民法院发现债务人有以上行为的，也可以依职权直接裁定和解协议无效。

和解协议经人民法院裁定无效，应当自始无效，即从开始起就没有法律约束力。但是，和解债权人因执行和解协议所受的清偿，在其他债权人所受清偿同等比例的范围内，不予返还。

第一百零四条　【终止执行和解协议与宣告破产】债务人不能执行或者不执行和解协议的，人民法院经和解债权人请求，应当裁定终止和解协议的执行，并宣告债务人破产。

人民法院裁定终止和解协议执行的，和解债权人在和解协议中作出的债权调整的承诺失去效力。和解债权人因执行和解协议所受的清偿仍然有效，和解债权未受清偿的部分作为破产债权。

前款规定的债权人，只有在其他债权人同自己所受的清偿达到同一比例时，才能继续接受分配。

有本条第一款规定情形的，为和解协议的执行提供的担保继续有效。

注解

1. 和解程序终止的条件

经法院认可的和解协议，对于债务人和债权人均有法律约束力，债务人应严格按照协议履行义务，如果债务人违反协议的规定，债权人有权请求人民法院终止和解协议。

和解程序终止的条件是债务人不清偿或者不能清偿和解协议。不清偿是指在和解规定的清偿期到来以后，债务人无正当理由拒绝对部分或全部债权人清偿。不能清偿是指在和解规定的清偿期到来以后，债务人仍然没有清偿能力。企业执行和解协议期间，债权人会议发现企业财务状况继续恶化的，应当属于不能履行协议的清偿义务，有权申请终止和解。

企业执行和解协议期间，隐匿、私分或者无偿转让财产；以明显不合理的价格进行交易；对没有财产担保的债务提供财产担保；对未到期的债务提前清偿；放弃自己的债权。严重损害债权人的利益的，债权人有权申请终止和解。法院经审查属实，或发现有上述情况的，应终止和解，宣告破产。破产企业有前述所列行为的，清算组有权向人民法院申请追回财产，追回的财产，并入破产财产。

2. 和解程序终止的法律后果

人民法院宣告债务人破产的，和解债权人因债务人执行和解协议所受的清偿仍然有效。和解债权未受偿的部分，作为破产债权行使权利。

为和解协议的达成，债权人在和解协议中一般会有让步，一般涉及债务的清偿时间和清偿数额，和解程序终止后，和解协议对双方均不再有约束力，债权人在和解中所作的让步归于消灭，不再有效力，在计算破产债权时，仍以原债权为准。破产分配时，应以债权人的债权数额为基准按比例计算清偿数额，将各个债权人在和解过程中已受清偿部分扣除后，作为债权人应受偿数额。

和解程序的终止对于债权人依照和解协议所受的清偿没有溯及力，即执行和解协议期间，债权人依和解协议所受的清偿具有保持力，不必返还给债务人。和解债权未受偿的部分，作为破产债权行使权利。和解程序期间受到清偿的债权人，只有在其他债权人所受破产财产分配同自己所受的清偿达到同一比例时，才能继续接受分配。但是，如果和解程序期间受到清偿的债权人，其所获得的清偿比例高于破产分配确定的清偿比例，可以不必返还，因为其获得清偿的依据没有被撤销，其获得清偿有合法的依据。

和解协议终止履行后，和解协议本身是有效的，为和解协议的执行提供的担保继续有效。为和解协议的成立和执行，所设立的保证和物的担保继续有效，有关财产应作为破产财产进行破产清算。

配套

《最高人民法院关于审理企业破产案件若干问题的规定》第 27 条

第一百零五条 【自行和解与破产程序终结】人民法院受理破产申请后，债务人与全体债权人就债权债务的处理自行达成协议的，可以请求人民法院裁定认可，并终结破产程序。

第一百零六条 【和解协议减免债务不再清偿】按照和解协议减免的债务，自和解协议执行完毕时起，债务人不再承担清偿责任。

第十章 破产清算

第一节 破产宣告

第一百零七条 【破产宣告】人民法院依照本法规定宣告债务人破产的，应当自裁定作出之日起五日内送达债务人和管理人，自裁定作出之日起十日内通知已知债权人，并予以公告。

债务人被宣告破产后，债务人称为破产人，债务人财产称为破产财产，人民法院受理破产申请时对债务人享有的债权称为破产债权。

应用

59. 什么是破产财产？

破产财产是指，债务人被宣告破产后，债务人财产称为破产财产。

从广义上说，破产财产包括：（1）有形财产、无形财产、货币和有价证券、投资权益和债权。其中，无形财产包括土地使用权、知识产权、专有技术、特许经营权等。（2）未成为担保物的财产和已成为担保物的财产。还包括，破产申请受理后至破产程序终结前债务人取得的财产。主要包括以下情形：（1）程序开始后债务人财产的增值，包括孳息、经营收益和其他所得。例如，租金、利息、销售利润、股票红利、不动产升值、新投资、退税等。

（2）程序开始后收回的财产，如追收的债款、追回的被侵占财产、接受返还的财产、因错误执行而获得执行回转的财产等。（3）债务人的出资人在尚未完全履行出资义务的情况下补交的出资。

60. 国有企业破产中，对破产财产的认定应注意什么？

根据《土地管理法》第58条第1款第3项及《城镇国有土地使用权出让和转让暂行条例》第47条的规定，破产企业以划拨方式取得的国有土地使用权不属于破产财产，在企业破产时，有关人民政府可以予以收回，并依法处置。纳入国家兼并破产计划的国有企业，其依法取得的国有土地使用权，应依据国务院有关文件规定办理。

企业对其以划拨方式取得的国有土地使用权无处分权，以该土地使用权为标的物设定抵押，除依法办理抵押登记手续外，还应经具有审批权限的人民政府或土地行政管理部门批准。否则，应认定抵押无效。如果企业对以划拨方式取得的国有土地使用权设定抵押时，履行了法定的审批手续，并依法办理了抵押登记，应认定抵押有效。根据《中华人民共和国城市房地产管理法》第51条的规定，抵押权人只有在以抵押标的物折价或拍卖、变卖所得价款缴纳相当于土地使用权出让金的款项后，对剩余部分方可享有优先受偿权。但纳入国家兼并破产计划的国有企业，其用以划拨方式取得的国有土地使用权设定抵押的，应依据国务院有关文件规定办理。

配套

《企业破产法》第99、103、104条；《最高人民法院关于审理企业破产案件若干问题的规定》第32条；《最高人民法院关于破产企业国有划拨土地使用权应否列入破产财产等问题的批复》

第一百零八条　【破产宣告前的破产程序终结】破产宣告前，有下列情形之一的，人民法院应当裁定终结破产程序，并予以公告：

（一）第三人为债务人提供足额担保或者为债务人清偿全部到期债务的；

（二）债务人已清偿全部到期债务的。

第一百零九条　【别除权】对破产人的特定财产享有担保权

的权利人，对该特定财产享有优先受偿的权利。

注解

　　别除权，是指对于破产人的特定财产，不依破产程序优先就该担保标的受偿的权利。别除权就担保的标的物优先于普通债权而受偿，这与破产程序中的普通债权有本质的区别。别除权的标的物必须是破产人所有的财产，别除权的基础权利是担保物权。在破产宣告前成立的担保物权的标的物既可为破产人的财产，也可是第三人所有的财产。在担保标的物为第三人所有的财产时，在破产程序中，债权人所享有的担保物权，就只能是民法上的担保物权，而不是破产程序中的别除权；相反，在破产人以其所有的财产为其他的债权人提供担保时，虽然该债权人不是破产人的债权人，但在破产程序中，该债权人仍然享有别除权。

　　别除权是对属于破产人的特定财产所行使的权利。别除权虽然属于债权的范畴，但其产生于在破产宣告前别除权人在破产人的财产上设定的担保物权。担保物权的标的物必须是特定的，这是由物权的一般特性"一物一权主义"决定的。所以别除权只能对破产人的特定财产行使。在担保物权的标的物灭失时，担保权消灭，别除权人对该标的物所享有的别除权也随之丧失。

　　别除权是不依破产程序而行使的优先受偿的权利。别除权虽为债权，但是仍具有物权性。别除权不依破产程序而行使的权利是针对其物权性而言的。这也就是说，别除权人可以随时主张别除权，不受破产宣告与否的限制。在没有宣告破产时，别除权人可以向债务人对担保物主张优先受偿；在破产宣告后，别除权人可以向管理人对担保物主张优先受偿。优先受偿要求只有满足别除权的清偿后，才能清偿其它债权。

第一百一十条　【别除权的不完全实现与放弃】享有本法第一百零九条规定权利的债权人行使优先受偿权利未能完全受偿的，其未受偿的债权作为普通债权；放弃优先受偿权利的，其债权作为普通债权。

第二节　变价和分配

第一百一十一条　【破产财产变价方案】管理人应当及时拟

订破产财产变价方案，提交债权人会议讨论。

管理人应当按照债权人会议通过的或者人民法院依照本法第六十五条第一款规定裁定的破产财产变价方案，适时变价出售破产财产。

注解

在破产程序中，管理人负责破产财产的管理和处分，破产财产的变价方案应当由管理人适时提出。破产财产的变价方案，应当对应予变价的财产的范围、财产类别、财产的评估价值、各类财产的变价方式和预计变价时间、预计支付的变价费用等有关破产财产变价的重要事项加以说明和规定。破产财产的变价方案涉及能否最大限度地实现破产财产的金钱价值，关系到全体破产债权人的切身利益，因此，管理人提出的破产财产变价方案，还必须经债权人会议讨论通过。对此，本条中规定："管理人应当及时拟订破产财产变价方案，并提交债权人会议讨论"。

管理人应当按照债权人会议通过的或者人民法院依法裁定的破产财产变价方案，适时变价出售破产财产。适时变价的含义，一是指破产财产的变价应当及时进行。破产分配以货币分配为原则，将非货币的破产财产变价为货币形态，是实施破产分配的前提。管理人作为破产财产变价和分配的执行人，应当履行勤勉义务，及时组织对破产财产的清点、估价，准备破产财产的变价方案，提交债权人会议讨论，根据债权人会议通过的变价方案，及时变价破产财产，以避免因破产财产变价不及时，影响破产分配的适时顺利进行。适时变价的另一层含义，是指管理人在"及时"的前提下，应选择能使破产财产获得较高变价收入的时机，对破产财产变价。例如，对破产财产中季节性较强的商品，应在适销的季节及时变价；对不易保存的商品，应从速变价，如因此需在债权人会议通过变价方案前实施变价的，管理人可征得债权人委员会的同意或提请法院许可后先予变价。

管理人变价破产财产，应当符合债权人会议通过的变价方案。在实施变价时，依照本法的规定，对涉及土地、房屋等不动产权益的转让，全部库存或者营业的转让，探矿权、采矿权以及专利权、商标权、著作权的转让，债权和有价证券的转让等，还应向债权人委员会或人民法院报告。

配 套

《最高人民法院关于审理企业破产案件若干问题的规定》第83、84条

第一百一十二条　【变价出售方式】变价出售破产财产应当通过拍卖进行。但是，债权人会议另有决议的除外。

破产企业可以全部或者部分变价出售。企业变价出售时，可以将其中的无形资产和其他财产单独变价出售。

按照国家规定不能拍卖或者限制转让的财产，应当按照国家规定的方式处理。

应 用

61. 破产财产的变价方式为何？

破产财产的变价方式，是指为将非货币形态的破产财产转化为货币形态所采用的破产财产的出让方式。确定破产财产的变价方式，应当遵循以下原则：

（1）除国家规定不能拍卖的物品和债权人会议另有决议的以外，破产财产的变价应当采用拍卖方式。拍卖是采用在一定的场合由意欲购买者（竞买人）公开叫价竞争的方法，将物品出售给出价最高者的买卖方式。管理人可以委托专门的拍卖企业拍卖破产财产。凡宜于采用拍卖方式变价的破产财产，都应采用拍卖方式变价。但是，拍卖需要支付的费用通常比其他变价方式要高，如拍卖的通知、公告等费用，付给拍卖企业的佣金等。因此，对不适宜拍卖的破产财产，例如，市场销路较窄、难以形成多人竞价的财产，本身价值较低的财产等，就不宜采用拍卖方式。各种破产财产是否采用拍卖方式变价，应由债权人会议根据自己的利益决定。按照本法的规定，债权人会议决议不采用拍卖方式变价的破产财产，管理人不能以拍卖方式变价，可以采取个别出售、招标出售、委托代售等方式变价。对属于国家规定限制转让的限制流通物，也不能采用拍卖方式变价。

（2）破产财产的变价，应当按照追求破产财产价值最大化的原则，视具体情况，可以整体出售，也可以分别出售。例如，破产财产中的成套设备，凡能整体出售的，应当整体出售。当然，对因各种原因不能整体出售的成套设备，可以分散出售。例如，成套出售无人购买的，或者因成套设备的整体

技术水平落后等原因，使得成套出售的价格反而可能低于分散出售的，则应当分散出售。

（3）对属于国家规定限制转让的物品，即属于限制流通的物品，应当依照国家有关规定的方式变价。例如，按照矿产资源法和国务院的有关规定，破产财产中的钨、锡、锑、离子型稀土等特定矿种的矿产品，只能交给国家指定的单位收购，不能自由出售。

配套

《最高人民法院关于审理企业破产案件若干问题的规定》第85、86、87条

第一百一十三条　【破产财产的清偿顺序】破产财产在优先清偿破产费用和共益债务后，依照下列顺序清偿：

（一）破产人所欠职工的工资和医疗、伤残补助、抚恤费用，所欠的应当划入职工个人账户的基本养老保险、基本医疗保险费用，以及法律、行政法规规定应当支付给职工的补偿金；

（二）破产人欠缴的除前项规定以外的社会保险费用和破产人所欠税款；

（三）普通破产债权。

破产财产不足以清偿同一顺序的清偿要求的，按照比例分配。

破产企业的董事、监事和高级管理人员的工资按照该企业职工的平均工资计算。

注解

本法规定对共益债务与破产费用这两项债务随时进行清偿。因为这些债务都是在破产过程中产生的，优先对其清偿也是为了确保破产程序能正常而顺利地进行。

首先，增加共益债务与破产费用作为首要清偿的部分。所谓破产费用，指人民法院受理破产申请后发生的下列费用：①破产案件的诉讼费用；②管理、变价和分配债务人财产的费用；③管理人执行职务的费用、报酬和聘用

工作人员的费用。而共益债务则指人民法院受理破产申请后发生的下列债务：①因管理人或者债务人请求对方当事人履行双方均未履行完毕的合同所产生的债务；②债务人财产受无因管理所产生的债务；③因债务人不当得利所产生的债务；④为债务人继续营业而应支付的劳动报酬和社会保险费用以及由此产生的其他债务；⑤管理人或者相关人员执行职务致人损害所产生的债务；⑥债务人财产致人损害所产生的债务。

其次，在清偿上述费用之后，应予清偿的是职工工资及相关福利。以前的规定中提到的是"破产企业所欠职工工资和劳动保险费用"；而本法则将范围扩大为"破产人所欠职工的工资和医疗、伤残补助、抚恤费用，所欠的应当划入职工个人账户的基本养老保险、基本医疗保险费用，以及法律、行政法规规定应当支付给职工的补偿金"。

再次，关于破产企业职工利益与担保权人利益的协调。根据本法，在该法施行后，该法公布前企业所欠的职工工资和其他福利，将优先于担保权人清偿。但在本法公布后施行前，破产人将优先清偿企业担保人，职工工资和其他福利仅能从未担保财产中清偿。

应用

62. 破产分配的顺位是什么？

破产分配的顺位就是破产清算程序中的债权清偿顺序。破产分配的顺位完全是立法者出于对政策以及利益的考虑，并且在不同的时期可能会有改变。我国《企业破产法》对破产分配的规定，除破产财产分配方案的制定、破产分配的效果以及追加分配外，主要规定了破产分配的顺位，破产财产在优先清偿破产费用和共益债务后，依照下列顺序清偿：

（1）破产人所欠职工的工资和医疗、伤残补助、抚恤费用，所欠的应当划入职工个人账户的基本养老保险、基本医疗保险费用，以及法律、行政法规规定应当支付给职工的补偿金。职工集资款、解除劳动合同的经济补偿金不属于第一顺序。

（2）破产人欠缴的除前项规定以外的社会保险费用和破产人所欠税款。破产企业所欠税款是指破产企业被宣告破产前拖欠的国家税款（包括国税、地税）。破产企业所欠税款应由税务部门提供具体数额和计算依据，法院审查确定。破产企业因拖欠税款所产生的滞纳金、罚款等，不属于破产债权。

法院可以将该部分债权数额确认后，列在一般破产债权顺序之后，如有剩余财产再行清偿。破产清算中对于破产财产变现的税务问题，法院、管理人应与税务部门积极协调，争取实现税收减免。通过协调确实难以解决的，可以将有关税款列入第三清偿顺序，作为一般债权清偿。

（3）普通破产债权。破产财产不足清偿同一顺序的清偿要求的，按照比例分配。破产财产清偿破产债权后仍有剩余的，可以用于清偿行政规费、罚款等。

63. 实行社会保险的企业破产后各种社会保险统筹费用应缴纳至何时？

根据《最高人民法院关于实行社会保险的企业破产后各种社会保险统筹费用应缴纳至何时问题的批复》（法复〔1996〕17号），参加社会保险的企业破产的，欠缴的社会保险统筹费用应当缴纳至人民法院裁定宣告破产之日。

64. 如何理解破产财产不足清偿同一顺序的清偿要求时，按照同一比例向债权人清偿？

同一比例是指清偿率，也就是尚可分配的财产占总破产债权的比例。例如：破产企业尚可分配财产100万元，共有破产债权200万元，其中甲100万元、乙60万元、丙40万元，则清偿率为50%，据此，甲可分配50万元，乙可分配30万元，丙可分配20万元。

第一百一十四条　【破产财产的分配方式】破产财产的分配应当以货币分配方式进行。但是，债权人会议另有决议的除外。

第一百一十五条　【破产财产的分配方案】管理人应当及时拟订破产财产分配方案，提交债权人会议讨论。

破产财产分配方案应当载明下列事项：

（一）参加破产财产分配的债权人名称或者姓名、住所；

（二）参加破产财产分配的债权额；

（三）可供分配的破产财产数额；

（四）破产财产分配的顺序、比例及数额；

（五）实施破产财产分配的方法。

债权人会议通过破产财产分配方案后，由管理人将该方案提请人民法院裁定认可。

在管理人完成破产财产的清理、变价等破产分配前的各项准备工作后，即应适时实施破产分配。在破产分配前，管理人应根据可供分配的破产财产数额、应参加破产分配的各项破产债权的数额、以及法定的分配顺序，提出破产财产的分配方案。依照本法第115条的规定，破产财产的分配方案应当记载下列事项：

（1）参加破产分配的债权人的名称或者姓名、住所。"参加破产分配的债权人"，是指其债权依照企业破产法的规定属于破产债权，并依法进行了债权申报的债权人。以破产人的特定财产作为其债权担保，未放弃就担保财产优先受偿权利的债权人，得不依破产程序行使别除权，不在参加破产分配的债权人之列，无需在破产分配方案中列出。依照企业破产法的规定享有抵销权，已在破产分配前向管理人主张抵销的债权人，也不在参加破产分配的债权人之列，无需在破产分配方案中列出。破产费用和共益债务的债权人，其债权由破产财产随时清偿，不参加破产分配，因此也无需在破产分配方案中列出。附生效条件或附解除条件的破产债权，以及因对债权的争议已提起诉讼或仲裁但尚未作出判决或裁决使该项债权处于不确定状态的破产债权，依照企业破产法第117条、第119条的规定，都可按一定的条件参加破产分配。因此，这些债权的债权人，都应在破产分配方案中列明。

（2）参加破产分配的债权额。参加破产分配的债权的总额及各项债权的数额，都应当在破产方案中列明。对于尚未确定的债权，应按债权人申报并载入债权表的数额，或按提起诉讼或仲裁的请求数额，计入参加破产分配的债权数额，在实施破产分配时，再按照企业破产法第119条的规定处理。

（3）可供分配的财产数额。破产人的财产，除用以清偿有别除权、抵销权的债权，支付破产费用和共益债务外，还有剩余的，即为用以清偿破产债权的可供破产分配的财产。这些财产经过清理、变价后的金钱数额，以及经债权人会议决议不作变价而以实物分配的折价金额，应当在分配方案中载明。

（4）破产分配的顺序、比例及数额。在破产分配中，对参加分配的各项破产债权，应分别列明其依照企业破产法的规定所处的分配顺序。在破产财产不足以清偿同一顺序的各项债权时，各项破产债权应受分配的比例及受偿数额。

（5）实施破产分配的方法。破产分配采用何种具体方法，例如，分配是一次完成还是采取多次分配的方式；是全部采用货币分配，还是有部分实物折价分配；以及受领分配的时间、地点等，应当在破产分配方案中载明。

配套

《最高人民法院关于审理企业破产案件若干问题的规定》第93条

第一百一十六条 【破产财产分配方案的执行】破产财产分配方案经人民法院裁定认可后，由管理人执行。

管理人按照破产财产分配方案实施多次分配的，应当公告本次分配的财产额和债权额。管理人实施最后分配的，应当在公告中指明，并载明本法第一百一十七条第二款规定的事项。

注解

破产分配方案经债权人会议表决通过后，管理人应将破产财产分配方案提交人民法院裁定。破产分配方案经人民法院裁定认可后，管理人即可按破产分配方案实施破产分配。

按照破产分配方案的规定和实际情况，破产分配可以一次完成，也可以分多次完成。供分配的破产财产数量不大并可顺利变价、破产债权的种类比较简单，能够一次分配完成的，可将全部供分配的财产向全体破产债权人一次分配完毕，终结破产程序。这有利于缩短破产程序的时间，节省破产费用。如果破产分配的情况比较复杂，难以一次分配完成的，可进行多次分配，以使债权人能够从逐次分配中适时得到清偿，而不必一定要等到能够全部完成分配时，再作一次性分配。

依照本条的规定，管理人按照破产财产分配方案实施多次分配的，应当公告本次分配的财产额和受分配的债权额，以保证破产分配的公开、公正，使全体债权人能够了解、监督破产分配的进行，并及时受领分配，维护自己的合法权益。

多次分配中的最后分配，即为将现有可供分配的破产财产按照破产分配方案全部分配完毕，以终结破产程序的分配。在最后分配方案的公告中应当指明本次分配为最后分配。破产分配以一次分配完成的，管理人应当在分配方案公告中指明本次分配即为最后分配。最后分配为破产程序中的最后一次分配，此次分配完结后，破产程序即应终结。在最后分配完结后如仍有未分配的破产财产或以后又发现有新的破产财产的，则应由法院依法进行追加分配。

配 套

《最高人民法院关于审理企业破产案件若干问题的规定》第92条

第一百一十七条　【附条件债权的分配】 对于附生效条件或者解除条件的债权，管理人应当将其分配额提存。

管理人依照前款规定提存的分配额，在最后分配公告日，生效条件未成就或者解除条件成就的，应当分配给其他债权人；在最后分配公告日，生效条件成就或者解除条件未成就的，应当交付给债权人。

注 解

对附条件的破产债权，以最后分配公告之日为限，根据债权所附条件是否成就，最终决定其是否应受领破产分配。即，对附解除条件的债权而言，在最后公告日所附解除条件未成就的，在破产程序中视为不附条件的债权，债权人应当受领破产分配，在初次分配和中间分配时，债权人为受领破产分配而提供的担保应予退还，因债权人未提供担保而由管理人将其分配额提存的，应将提存额交付债权人；在最后分配日前解除条件成就的，债权人不应受领破产分配，已经受领或已提存的分配额应当返还破产财产。对附生效条件的破产债权而言，在最后分配日前所附生效条件成就的，债权生效，在破产程序中视为不附条件的债权，债权人应当受领破产分配，在初次分配和中间分配中提的分配额应交付给债权人；在最后分配日前所附生效条件未成就的，债权人不能受领破产分配，已提存的分配额应当分配给其他债权人。

第一百一十八条　【未受领的破产财产的分配】 债权人未受领的破产财产分配额，管理人应当提存。债权人自最后分配公告之日起满二个月仍不领取的，视为放弃受领分配的权利，管理人或者人民法院应当将提存的分配额分配给其他债权人。

对未领取应受领的破产分配额的债权人，以最后分配方案公告之日起，计算除斥期间。依照本条的规定，债权人未受领的破产财产分配额，管理人应当提存。债权人自最后分配方案公告之日起满2个月仍未领取的，视为放弃受领分配的权利，管理人或者人民法院应当将提存的分配额返分配给其他债权人。

第一百一十九条　【诉讼或仲裁未决债权的分配】 破产财产分配时，对于诉讼或者仲裁未决的债权，管理人应当将其分配额提存。自破产程序终结之日起满二年仍不能受领分配的，人民法院应当将提存的分配额分配给其他债权人。

第三节　破产程序的终结

第一百二十条　【破产程序的终结及公告】 破产人无财产可供分配的，管理人应当请求人民法院裁定终结破产程序。

管理人在最后分配完结后，应当及时向人民法院提交破产财产分配报告，并提请人民法院裁定终结破产程序。

人民法院应当自收到管理人终结破产程序的请求之日起十五日内作出是否终结破产程序的裁定。裁定终结的，应当予以公告。

在破产清算程序中，破产程序终结可分为两种情况：一是破产程序因破产分配完毕而终结；二是破产程序因无可供分配的财产而终结。

（1）破产程序因破产分配而终结。债务人被依法宣告破产后，应由管理人依法对破产财产进行清理、变价，按照经债权人会议讨论通过并经法院裁定认可的破产财产分配方案向各破产债权人进行分配，以清偿债务。破产财产分配完毕后，即应终结破产程序。按照本条的规定，管理人在最后分配完结后，应当及时向人民法院提交破产财产分配报告，并提请人民法院裁定终结破产案件。人民法院自接到管理人提请终结破产程序的请求之日起15日内作出是否终结破产案件的裁定，裁定终结的，应予公告。

（2）因无可供分配的财产而终结。破产程序中，债务人的财产由管理人接管，如果管理人发现债务人的财产数量很少，尚不足以清偿破产费用和共益债务，已无财产可用来进行破产分配以清偿破产债权的，再进行破产程序已无实际意义，应当提请人民法院裁定终结破产程序；人民法院在接到管理人提出的请求后，应当在15日内作出终结破产案件的裁定并公告。

如果在破产宣告前，管理人发现债务人的财产将不足以清偿破产费用和共益债务，因而提请法院终结破产程序的，法院是否应根据债务人已具有破产原因的事实（债务人连破产费用和共益债务都无力清偿，显然已不能清偿到期债务），裁定宣告债务人破产，同时裁定终结破产程序呢？本法对此未作专门规定。但从有关规定看，此时因已有破产申请在先，又有债务人不能清偿到期债务因而具备破产原因的事实存在，符合作出破产宣告的法定条件，法院应当宣告债务人破产。这样一方面可以使与该债务人有经济往来的人知晓债务人已破产的事实，以采取必要的措施保护自己的利益，另一方面也使债务人承担其应承担的破产法律后果。法院裁定宣告债务人破产，同时应裁定终结破产程序。

配套

《企业破产法》第 43、105、108 条

第一百二十一条　【破产人的注销登记】管理人应当自破产程序终结之日起十日内，持人民法院终结破产程序的裁定，向破产人的原登记机关办理注销登记。

配套

《最高人民法院关于审理企业破产案件若干问题的规定》第 97 条

第一百二十二条　【管理人执行职务的终止】管理人于办理注销登记完毕的次日终止执行职务。但是，存在诉讼或者仲裁未决情况的除外。

配套

《最高人民法院关于审理企业破产案件若干问题的规定》第 99 条

第一百二十三条　【破产程序终结后的追加分配】 自破产程序依照本法第四十三条第四款或者第一百二十条的规定终结之日起二年内，有下列情形之一的，债权人可以请求人民法院按照破产财产分配方案进行追加分配：

（一）发现有依照本法第三十一条、第三十二条、第三十三条、第三十六条规定应当追回的财产的；

（二）发现破产人有应当供分配的其他财产的。

有前款规定情形，但财产数量不足以支付分配费用的，不再进行追加分配，由人民法院将其上交国库。

应　用

65. 破产程序终结后，在什么情形下，可能发生追加分配?

在破产财产最后分配完结后，管理人即应向法院提交破产分配报告，提请法院终结破产程序。在破产程序终结后 2 年内，如果有本应属于破产财产范围内的财产而应当分配给债权人的，应当进行追加分配。依照本法的有关规定，应当进行追加分配的情况主要有：（1）在最后分配方案公告后及破产程序终结后又有新收回的破产财产的；（2）在最后分配方案公告后或破产程序终结后，发现破产人有本法第 31 条、第 32 条、第 33 条和第 36 条所列的损害债权人利益的行为，而被依法追回的财产的；（3）在最后分配方案公告后或破产程序终结后，对有异议的债权或涉诉未决的债权的依法裁判的结果，使得原来对这类债权的提存分配数额全部或者有部分剩余的；（4）发现有其他应予追加分配的财产的。追加分配是在破产程序终结以后的分配，此时管理人已经因任务终了而不存在，因此追加分配应由人民法院负责实施。追加分配应按破产程序中经法院裁定公告的分配方案对各破产债权人进行分配。

有上述应进行分配的财产，但数量过少，没有必要进行追加分配（例如财产数额在用于支付追加分配的费用后所剩无几）的，可不再进行追加分配。上述的财产如果是在破产程序终结 2 年后发现的，因超过了进行追加分配的法定期间，也不再进行追加分配。

配　套

《最高人民法院关于审理企业破产案件若干问题的规定》第 98 条

第一百二十四条 **【对未受偿债权的清偿责任】**破产人的保证人和其他连带债务人，在破产程序终结后，对债权人依照破产清算程序未受清偿的债权，依法继续承担清偿责任。

注 解

保证期间，人民法院受理债务人破产案件的，债权人既可以向人民法院申报债权，也可以向保证人主张权利。债权人申报债权后在破产程序中未受清偿的部分，保证人仍应当承担保证责任。债权人要求保证人承担保证责任的，应当在破产程序终结后六个月内提出，但需要注意的是，前述规定适用于债务人在破产程序开始时保证期间尚未届满，而在债权人申报债权参加清偿破产财产程序期间保证期间届满的情形。

债权人知道或者应当知道债务人破产，既未申报债权也未通知保证人，致使保证人不能预先行使追偿权的，保证人在该债权在破产程序中可能受偿的范围内免除保证责任。人民法院受理债务人破产案件后，债权人未申报债权的，各连带共同保证的保证人应当作为一个主体申报债权，预先行使追偿权。

第十一章　法 律 责 任

第一百二十五条 **【破产企业董事、监事和高级管理人员的法律责任】**企业董事、监事或者高级管理人员违反忠实义务、勤勉义务，致使所在企业破产的，依法承担民事责任。

有前款规定情形的人员，自破产程序终结之日起三年内不得担任任何企业的董事、监事、高级管理人员。

第一百二十六条 **【有义务列席债权人会议的债务人的有关人员的法律责任】**有义务列席债权人会议的债务人的有关人员，经人民法院传唤，无正当理由拒不列席债权人会议的，人民法院可以拘传，并依法处以罚款。债务人的有关人员违反本法规定，拒不陈述、回答，或者作虚假陈述、回答的，人民法院可以依法处以罚款。

第一百二十七条 【不履行法定义务的直接责任人员的法律责任】债务人违反本法规定，拒不向人民法院提交或者提交不真实的财产状况说明、债务清册、债权清册、有关财务会计报告以及职工工资的支付情况和社会保险费用的缴纳情况的，人民法院可以对直接责任人员依法处以罚款。

债务人违反本法规定，拒不向管理人移交财产、印章和账簿、文书等资料的，或者伪造、销毁有关财产证据材料而使财产状况不明的，人民法院可以对直接责任人员依法处以罚款。

第一百二十八条 【债务人的法定代表人和其他直接责任人员的法律责任】债务人有本法第三十一条、第三十二条、第三十三条规定的行为，损害债权人利益的，债务人的法定代表人和其他直接责任人员依法承担赔偿责任。

注 解

为了防止恶意逃债，或者故意损害债权人合法利益，本法第31至33条明确规定，人民法院受理破产申请前1年内，涉及债务人财产的下列行为，管理人有权请求人民法院予以撤销：（1）无偿转让财产的；（2）以明显不合理的价格进行交易的；（3）对没有财产担保的债务提供财产担保的；（4）对未到期的债务提前清偿的；（5）放弃债权的。以及人民法院受理破产申请前6个月内，债务人有法定破产情形，仍对个别债权人进行清偿的，管理人有权请求人民法院予以撤销。为逃避债务而隐匿、转移债务人财产，以及虚构债务或者承认不真实的债务的，该行为无效。

上述行为，属于明显违法行为。因此，实施这些行为，损害债权人利益的，应当依法承担赔偿责任。该赔偿责任由债务人的法定代表人和其他直接责任人员承担。

第一百二十九条 【债务人的有关人员擅自离开住所地的法律责任】债务人的有关人员违反本法规定，擅自离开住所地的，人民法院可以予以训诫、拘留，可以依法并处罚款。

第一百三十条　【管理人的法律责任】管理人未依照本法规定勤勉尽责，忠实执行职务的，人民法院可以依法处以罚款；给债权人、债务人或者第三人造成损失的，依法承担赔偿责任。

配套

《最高人民法院关于审理企业破产案件指定管理人的规定》第39条

第一百三十一条　【刑事责任】违反本法规定，构成犯罪的，依法追究刑事责任。

注解

根据刑法的规定，有关破产的犯罪，主要有以下几种：

1. 妨害清算犯罪

妨害清算犯罪，是指公司、企业进行清算时，隐匿财产，对资产负债表或者财产清单作虚假记载或者在未清偿债务前分配公司、企业财产，严重损害债权人或者其他人利益的行为。妨害清算犯罪的构成条件是：（1）犯罪主体。构成本罪的主体是特殊主体，即进行清算的公司企业法人，但如果管理人与公司、企业相勾结共同实施犯罪行为，也应以共同犯罪追究刑事责任。（2）行为人主观上是故意犯罪。过失不构成本罪，如果因工作上的失误，造成清算财产的少算、漏算等，不构成本罪。（3）行为人在客观上实施了隐匿财产，对资产负债表或者财产清单作虚假记载或者在未清偿债务前分配公司、企业财产的行为。所谓"隐匿财产"，是指将公司、企业财产予以转移、隐藏。"对资产负债表或者财产清单作虚假记载"，是指在制作资产负债表或者财产清单时，故意采取隐瞒或者欺骗等方法，对资产负债或者财产清单进行虚报，以达到逃避公司、企业债务的目的。"在未清偿债务前分配财产"，是指在清算过程中，违反法律规定，在清偿债务之前，就分配公司、企业的财产。（4）行为人的行为严重损害了债权人或其他人的利益。这是罪与非罪的重要界线。所谓"严重损害债权人的利益"，是指犯罪行为使本应得到清偿的债权人的巨额债务无法得到偿还等；所谓"严重损害其他人的利益"，是指严重损害债权人利益以外的其他人的利益，如造成公司、企业长期拖欠的职工工资和劳动保险费用、国家巨额税款得不到清偿等情形。

根据《刑法》第162条规定，构成妨害清算罪的，对其直接负责的主管人员和其他直接责任人员，处 5 年以下有期徒刑或者拘役，并处或者单处 2 万元以上 20 万元以下罚金。

2. 虚假破产犯罪

虚假破产犯罪，是指公司、企业通过隐匿财产、承担虚构的债务或者以其他方法转移、处分财产，实施虚假破产，严重损害债权人或者其他人利益的行为。虚假破产犯罪的构成条件是：（1）犯罪主体。构成本罪的主体是特殊主体，即实施虚假破产的公司企业法人，但如果管理人与公司、企业相勾结共同实施犯罪行为，也应以共同犯罪追究刑事责任。（2）行为人主观上是故意犯罪，过失不构成本罪。（3）行为人在客观上实施了通过隐匿财产、承担虚构的债务或以其他方法转移、处分财产，实施虚假破产的行为。所谓"隐匿财产"，是指将公司、企业财产予以转移、隐藏。"承担虚构的债务"，是指通过清偿事实上不存在的债务将公司、企业的财产予以处分。"其他方法"，是指隐匿财产、承担虚构的债务以外的方式转移、处分财产。"实施虚假破产"，是指已经实施了虚假的破产行为。（4）行为人的行为严重损害了债权人或其他人的利益。这是罪与非罪的重要界线。所谓"严重损害债权人的利益"，是指犯罪行为使本应得到清偿的债权人的巨额债务无法得到清偿等；所谓"严重损害其他人的利益"，是指严重损害债权人利益以外的其他人的利益，如造成公司、企业长期拖欠的职工工资和劳动保险费用、国家巨额税款得不到清偿等情形。

根据《刑法》第 162 条之二的规定，构成虚假破产犯罪的，对其直接负责的主管人员和其他直接责任人员，处 5 年以下有期徒刑或者拘役，并处或者单处 2 万元以上 20 万元以下罚金。

3. 国有公司、企业、事业单位人员严重不负责任或者滥用职权犯罪

国有公司、企业、事业单位人员严重不负责任或者滥用职权犯罪，是指国有公司、企业、事业单位的工作人员，因严重不负责任或者滥用职权，造成国有公司、企业破产或者严重损失，致使国家利益遭受重大损失的行为。国有公司、企业、事业单位人员严重不负责任或者滥用职权犯罪的构成条件是：（1）犯罪主体。构成本罪的主体是特殊主体，即国有公司、企业、事业单位的工作人员。（2）犯罪的主观方面，行为人主观上对企业破产的后果是过失。（3）行为人在客观上实施了严重不负责任或者滥用职权，造成国有公司、企业破产或者严重损失的行为。所谓"严重不负责任"，一般表现为不

履行、不正确履行或者放弃履行自己的职责。如工作马马虎虎，草率行事，或者公然违反职责规定行事，或者放弃职守，对自己负责的工作撒手不管等。所谓"滥用职权"，通常表现为行为人超越自己的职责权限或者违反行使职权所必须遵守的程序，从而造成国有公司、企业由于到期债务无法偿还而宣告倒闭，或者使国家利益遭受严重损失。这里的"严重损失"既包括直接经济损失，也包括间接的或者其他方面的损失。（4）行为人的行为致使国家利益遭受重大损失。"国家利益遭受重大损失"，包括严重损害国家声誉、形象等。

根据《刑法》第168条的规定，构成国有公司、企业、事业单位人员严重不负责任或者滥用职权犯罪的，处3年以下有期徒刑或者拘役；致使国家利益遭受特别重大损失的，处3年以上7年以下有期徒刑。

除了上述几种犯罪外，债务人的董事、监事和高级管理人员利用职权侵占企业财产的，债务人的出资人虚假出资等行为，情节严重的，也会构成犯罪。

配 套

《刑法》第 161、162、168、169、271 条

第十二章　附　　则

第一百三十二条　【别除权适用的例外】本法施行后，破产人在本法公布之日前所欠职工的工资和医疗、伤残补助、抚恤费用，所欠的应当划入职工个人账户的基本养老保险、基本医疗保险费用，以及法律、行政法规规定应当支付给职工的补偿金，依照本法第一百一十三条的规定清偿后不足以清偿的部分，以本法第一百零九条规定的特定财产优先于对该特定财产享有担保权的权利人受偿。

应 用

66.《企业破产法》公布前后的职工债权的清偿有何不同？

对于担保债权和职工债权的清偿顺序问题，本法采取了"新老划断"的办法，规定在本法公布以前形成的职工债权优先于担保债权，破产人无担保

财产不足清偿职工工资的，要从有担保的财产中清偿。而本法公布后形成的拖欠，则是担保权优先受偿，职工债权只能通过无担保的财产清偿。

这一独创性规定，具有处理中国特色问题的智慧，对于复杂的职工债权问题的处理，既要考虑中国的现实情况，又要把它纳入到市场经济法律的整体框架来考虑，职工的社会保障问题在今后则应更多地靠完善社会保障制度来解决。

配套

《企业破产法》第 109、113 条

第一百三十三条　【本法施行前国务院规定范围内企业破产的特别规定】 在本法施行前国务院规定的期限和范围内的国有企业实施破产的特殊事宜，按照国务院有关规定办理。

第一百三十四条　【金融机构破产的特别规定】 商业银行、证券公司、保险公司等金融机构有本法第二条规定情形的，国务院金融监督管理机构可以向人民法院提出对该金融机构进行重整或者破产清算的申请。国务院金融监督管理机构依法对出现重大经营风险的金融机构采取接管、托管等措施的，可以向人民法院申请中止以该金融机构为被告或者被执行人的民事诉讼程序或者执行程序。

金融机构实施破产的，国务院可以依据本法和其他有关法律的规定制定实施办法。

第一百三十五条　【企业法人以外组织破产的准用规定】 其他法律规定企业法人以外的组织的清算，属于破产清算的，参照适用本法规定的程序。

注解

个人独资企业的清算

《最高人民法院关于个人独资企业清算是否可以参照适用企业破产法规定的破产清算程序的批复》（法释〔2012〕16 号）规定，根据《中华人民共和国企业破产法》第 135 条的规定，在个人独资企业不能清偿到期债务，并且资产不足以清偿全部债务或者明显缺乏清偿能力的情况下，可以参照适用企业破产法规定的破产清算程序进行清算。根据《中华人民共和国个人独资企业法》第31条的规定，人民法院参照适用破产清算程序裁定终结个人独资企业的清算程序后，个人独资企业的债权人仍然可以就其未获清偿的部分向投资人主张权利。

因资不抵债无法继续办学被终止的民办学校的清算

《最高人民法院关于对因资不抵债无法继续办学被终止的民办学校如何组织清算问题的批复》（法释〔2010〕20号）规定依照《中华人民共和国民办教育促进法》第10条批准设立的民办学校因资不抵债无法继续办学被终止，当事人依照《中华人民共和国民办教育促进法》第58条第2款规定向人民法院申请清算的，人民法院应当依法受理。人民法院组织民办学校破产清算，参照适用《中华人民共和国企业破产法》规定的程序，并依照《中华人民共和国民办教育促进法》第59条规定的顺序清偿。

第一百三十六条　【施行日期】本法自2007年6月1日起施行，《中华人民共和国企业破产法（试行）》同时废止。

配 套 法 规

最高人民法院关于适用
《中华人民共和国企业破产法》
若干问题的规定（一）

（2011 年 8 月 29 日最高人民法院审判委员会第 1527 次会议通过　2011 年 9 月 9 日最高人民法院公告公布　自 2011 年 9 月 26 日起施行　法释〔2011〕22 号）

为正确适用《中华人民共和国企业破产法》，结合审判实践，就人民法院依法受理企业破产案件适用法律问题作出如下规定。

第一条　债务人不能清偿到期债务并且具有下列情形之一的，人民法院应当认定其具备破产原因：

（一）资产不足以清偿全部债务；

（二）明显缺乏清偿能力。

相关当事人以对债务人的债务负有连带责任的人未丧失清偿能力为由，主张债务人不具备破产原因的，人民法院应不予支持。

第二条　下列情形同时存在的，人民法院应当认定债务人不能清偿到期债务：

（一）债权债务关系依法成立；

（二）债务履行期限已经届满；

（三）债务人未完全清偿债务。

第三条 债务人的资产负债表，或者审计报告、资产评估报告等显示其全部资产不足以偿付全部负债的，人民法院应当认定债务人资产不足以清偿全部债务，但有相反证据足以证明债务人资产能够偿付全部负债的除外。

第四条 债务人账面资产虽大于负债，但存在下列情形之一的，人民法院应当认定其明显缺乏清偿能力：

（一）因资金严重不足或者财产不能变现等原因，无法清偿债务；

（二）法定代表人下落不明且无其他人员负责管理财产，无法清偿债务；

（三）经人民法院强制执行，无法清偿债务；

（四）长期亏损且经营扭亏困难，无法清偿债务；

（五）导致债务人丧失清偿能力的其他情形。

第五条 企业法人已解散但未清算或者未在合理期限内清算完毕，债权人申请债务人破产清算的，除债务人在法定异议期限内举证证明其未出现破产原因外，人民法院应当受理。

第六条 债权人申请债务人破产的，应当提交债务人不能清偿到期债务的有关证据。债务人对债权人的申请未在法定期限内向人民法院提出异议，或者异议不成立的，人民法院应当依法裁定受理破产申请。

受理破产申请后，人民法院应当责令债务人依法提交其财产状况说明、债务清册、债权清册、财务会计报告等有关材料，债务人拒不提交的，人民法院可以对债务人的直接责任人员采取罚款等强制措施。

第七条 人民法院收到破产申请时，应当向申请人出具收到申请及所附证据的书面凭证。

人民法院收到破产申请后应当及时对申请人的主体资格、债务人的主体资格和破产原因，以及有关材料和证据等进行审查，并依据企业破产法第十条的规定作出是否受理的裁定。

人民法院认为申请人应当补充、补正相关材料的，应当自收到破产申请之日起五日内告知申请人。当事人补充、补正相关材料的期间不计入企业破产法第十条规定的期限。

第八条　破产案件的诉讼费用，应根据企业破产法第四十三条的规定，从债务人财产中拨付。相关当事人以申请人未预先交纳诉讼费用为由，对破产申请提出异议的，人民法院不予支持。

第九条　申请人向人民法院提出破产申请，人民法院未接收其申请，或者未按本规定第七条执行的，申请人可以向上一级人民法院提出破产申请。

上一级人民法院接到破产申请后，应当责令下级法院依法审查并及时作出是否受理的裁定；下级法院仍不作出是否受理裁定的，上一级人民法院可以径行作出裁定。

上一级人民法院裁定受理破产申请的，可以同时指令下级人民法院审理该案件。

最高人民法院关于适用
《中华人民共和国企业破产法》
若干问题的规定（二）

（2013 年 7 月 29 日最高人民法院审判委员会第 1586 次会议通过 根据 2020 年 12 月 23 日最高人民法院审判委员会第 1823 次会议通过的《最高人民法院关于修改〈最高人民法院关于破产企业国有划拨土地使用权应否列入破产财产等问题的批复〉等二十九件商事类司法解释的决定》修正）

根据《中华人民共和国民法典》《中华人民共和国企业破产法》等相关法律，结合审判实践，就人民法院审理企业破产案件中认定债务人财产相关的法律适用问题，制定本规定。

第一条 除债务人所有的货币、实物外，债务人依法享有的可以用货币估价并可以依法转让的债权、股权、知识产权、用益物权等财产和财产权益，人民法院均应认定为债务人财产。

第二条 下列财产不应认定为债务人财产：

（一）债务人基于仓储、保管、承揽、代销、借用、寄存、租赁等合同或者其他法律关系占有、使用的他人财产；

（二）债务人在所有权保留买卖中尚未取得所有权的财产；

（三）所有权专属于国家且不得转让的财产；

（四）其他依照法律、行政法规不属于债务人的财产。

第三条 债务人已依法设定担保物权的特定财产，人民法院应当认定为债务人财产。

对债务人的特定财产在担保物权消灭或者实现担保物权后的剩余部分，在破产程序中可用以清偿破产费用、共益债务和其他破产债权。

第四条 债务人对按份享有所有权的共有财产的相关份额，或者共同享有所有权的共有财产的相应财产权利，以及依法分割共有财产所得部分，人民法院均应认定为债务人财产。

人民法院宣告债务人破产清算，属于共有财产分割的法定事由。人民法院裁定债务人重整或者和解的，共有财产的分割应当依据民法典第三百零三条的规定进行；基于重整或者和解的需要必须分割共有财产，管理人请求分割的，人民法院应予准许。

因分割共有财产导致其他共有人损害产生的债务，其他共有人请求作为共益债务清偿的，人民法院应予支持。

第五条 破产申请受理后，有关债务人财产的执行程序未依照企业破产法第十九条的规定中止的，采取执行措施的相关单位应当依法予以纠正。依法执行回转的财产，人民法院应当认定为债务人财产。

第六条 破产申请受理后，对于可能因有关利益相关人的行为或者其他原因，影响破产程序依法进行的，受理破产申请的人民法院可以根据管理人的申请或者依职权，对债务人的全部或者部分财产采取保全措施。

第七条 对债务人财产已采取保全措施的相关单位，在知悉人民法院已裁定受理有关债务人的破产申请后，应当依照企业破产法第十九条的规定及时解除对债务人财产的保全措施。

第八条 人民法院受理破产申请后至破产宣告前裁定驳回破产申请，或者依据企业破产法第一百零八条的规定裁定终结破产程序的，应当及时通知原已采取保全措施并已依法解除保全措施的单位按照原保全顺位恢复相关保全措施。

在已依法解除保全的单位恢复保全措施或者表示不再恢复之前，受理破产申请的人民法院不得解除对债务人财产的保全措施。

第九条 管理人依据企业破产法第三十一条和第三十二条的规定提起诉讼，请求撤销涉及债务人财产的相关行为并由相对人返还债务人财产的，人民法院应予支持。

管理人因过错未依法行使撤销权导致债务人财产不当减损，债权人提起诉讼主张管理人对其损失承担相应赔偿责任的，人民法院应予支持。

第十条　债务人经过行政清理程序转入破产程序的，企业破产法第三十一条和第三十二条规定的可撤销行为的起算点，为行政监管机构作出撤销决定之日。

债务人经过强制清算程序转入破产程序的，企业破产法第三十一条和第三十二条规定的可撤销行为的起算点，为人民法院裁定受理强制清算申请之日。

第十一条　人民法院根据管理人的请求撤销涉及债务人财产的以明显不合理价格进行的交易的，买卖双方应当依法返还从对方获取的财产或者价款。

因撤销该交易，对于债务人应返还受让人已支付价款所产生的债务，受让人请求作为共益债务清偿的，人民法院应予支持。

第十二条　破产申请受理前一年内债务人提前清偿的未到期债务，在破产申请受理前已经到期，管理人请求撤销该清偿行为的，人民法院不予支持。但是，该清偿行为发生在破产申请受理前六个月内且债务人有企业破产法第二条第一款规定情形的除外。

第十三条　破产申请受理后，管理人未依据企业破产法第三十一条的规定请求撤销债务人无偿转让财产、以明显不合理价格交易、放弃债权行为的，债权人依据民法典第五百三十八条、第五百三十九条等规定提起诉讼，请求撤销债务人上述行为并将因此追回的财产归入债务人财产的，人民法院应予受理。

相对人以债权人行使撤销权的范围超出债权人的债权抗辩的，人民法院不予支持。

第十四条　债务人对以自有财产设定担保物权的债权进行的个别清偿，管理人依据企业破产法第三十二条的规定请求撤销的，人民法院不予支持。但是，债务清偿时担保财产的价值低于债权额的除外。

第十五条 债务人经诉讼、仲裁、执行程序对债权人进行的个别清偿，管理人依据企业破产法第三十二条的规定请求撤销的，人民法院不予支持。但是，债务人与债权人恶意串通损害其他债权人利益的除外。

第十六条 债务人对债权人进行的以下个别清偿，管理人依据企业破产法第三十二条的规定请求撤销的，人民法院不予支持：

（一）债务人为维系基本生产需要而支付水费、电费等的；

（二）债务人支付劳动报酬、人身损害赔偿金的；

（三）使债务人财产受益的其他个别清偿。

第十七条 管理人依据企业破产法第三十三条的规定提起诉讼，主张被隐匿、转移财产的实际占有人返还债务人财产，或者主张债务人虚构债务或者承认不真实债务的行为无效并返还债务人财产的，人民法院应予支持。

第十八条 管理人代表债务人依据企业破产法第一百二十八条的规定，以债务人的法定代表人和其他直接责任人员对所涉债务人财产的相关行为存在故意或者重大过失，造成债务人财产损失为由提起诉讼，主张上述责任人员承担相应赔偿责任的，人民法院应予支持。

第十九条 债务人对外享有债权的诉讼时效，自人民法院受理破产申请之日起中断。

债务人无正当理由未对其到期债权及时行使权利，导致其对外债权在破产申请受理前一年内超过诉讼时效期间的，人民法院受理破产申请之日起重新计算上述债权的诉讼时效期间。

第二十条 管理人代表债务人提起诉讼，主张出资人向债务人依法缴付未履行的出资或者返还抽逃的出资本息，出资人以认缴出资尚未届至公司章程规定的缴纳期限或者违反出资义务已经超过诉讼时效为由抗辩的，人民法院不予支持。

管理人依据公司法的相关规定代表债务人提起诉讼，主张公司的发起人和负有监督股东履行出资义务的董事、高级管理人员，或者协助抽逃出资的其他股东、董事、高级管理人员、实际控制人等，对股东违反出资义务或者抽逃出资承担相应责任，并将财产归入债务人财产的，人民法院应予支持。

第二十一条　破产申请受理前，债权人就债务人财产提起下列诉讼，破产申请受理时案件尚未审结的，人民法院应当中止审理：

（一）主张次债务人代替债务人直接向其偿还债务的；

（二）主张债务人的出资人、发起人和负有监督股东履行出资义务的董事、高级管理人员，或者协助抽逃出资的其他股东、董事、高级管理人员、实际控制人等直接向其承担出资不实或者抽逃出资责任的；

（三）以债务人的股东与债务人法人人格严重混同为由，主张债务人的股东直接向其偿还债务人对其所负债务的；

（四）其他就债务人财产提起的个别清偿诉讼。

债务人破产宣告后，人民法院应当依照企业破产法第四十四条的规定判决驳回债权人的诉讼请求。但是，债权人一审中变更其诉讼请求为追收的相关财产归入债务人财产的除外。

债务人破产宣告前，人民法院依据企业破产法第十二条或者第一百零八条的规定裁定驳回破产申请或者终结破产程序的，上述中止审理的案件应当依法恢复审理。

第二十二条　破产申请受理前，债权人就债务人财产向人民法院提起本规定第二十一条第一款所列诉讼，人民法院已经作出生效民事判决书或者调解书但尚未执行完毕的，破产申请受理后，相关执行行为应当依据企业破产法第十九条的规定中止，债权人应当依法向管理人申报相关债权。

第二十三条　破产申请受理后，债权人就债务人财产向人民法院提起本规定第二十一条第一款所列诉讼的，人民法院不予受理。

债权人通过债权人会议或者债权人委员会，要求管理人依法向次债务人、债务人的出资人等追收债务人财产，管理人无正当理由拒绝追收，债权人会议依据企业破产法第二十二条的规定，申请人民法院更换管理人的，人民法院应予支持。

管理人不予追收，个别债权人代表全体债权人提起相关诉讼，主张次债务人或者债务人的出资人等向债务人清偿或者返还债务人财产，或者依法申请合并破产的，人民法院应予受理。

第二十四条 债务人有企业破产法第二条第一款规定的情形时，债务人的董事、监事和高级管理人员利用职权获取的以下收入，人民法院应当认定为企业破产法第三十六条规定的非正常收入：

（一）绩效奖金；

（二）普遍拖欠职工工资情况下获取的工资性收入；

（三）其他非正常收入。

债务人的董事、监事和高级管理人员拒不向管理人返还上述债务人财产，管理人主张上述人员予以返还的，人民法院应予支持。

债务人的董事、监事和高级管理人员因返还第一款第（一）项、第（三）项非正常收入形成的债权，可以作为普通破产债权清偿。因返还第一款第（二）项非正常收入形成的债权，依据企业破产法第一百一十三条第三款的规定，按照该企业职工平均工资计算的部分作为拖欠职工工资清偿；高出该企业职工平均工资计算的部分，可以作为普通破产债权清偿。

第二十五条 管理人拟通过清偿债务或者提供担保取回质物、留置物，或者与质权人、留置权人协议以质物、留置物折价清偿债务等方式，进行对债权人利益有重大影响的财产处分行为的，应当及时报告债权人委员会。未设立债权人委员会的，管理人应当及时报告人民法院。

第二十六条 权利人依据企业破产法第三十八条的规定行使取回权，应当在破产财产变价方案或者和解协议、重整计划草案提交债权人会议表决前向管理人提出。权利人在上述期限后主张取回相关财产的，应当承担延迟行使取回权增加的相关费用。

第二十七条 权利人依据企业破产法第三十八条的规定向管理

人主张取回相关财产，管理人不予认可，权利人以债务人为被告向人民法院提起诉讼请求行使取回权的，人民法院应予受理。

权利人依据人民法院或者仲裁机关的相关生效法律文书向管理人主张取回所涉争议财产，管理人以生效法律文书错误为由拒绝其行使取回权的，人民法院不予支持。

第二十八条 权利人行使取回权时未依法向管理人支付相关的加工费、保管费、托运费、委托费、代销费等费用，管理人拒绝其取回相关财产的，人民法院应予支持。

第二十九条 对债务人占有的权属不清的鲜活易腐等不易保管的财产或者不及时变现价值将严重贬损的财产，管理人及时变价并提存变价款后，有关权利人就该变价款行使取回权的，人民法院应予支持。

第三十条 债务人占有的他人财产被违法转让给第三人，依据民法典第三百一十一条的规定第三人已善意取得财产所有权，原权利人无法取回该财产的，人民法院应当按照以下规定处理：

（一）转让行为发生在破产申请受理前的，原权利人因财产损失形成的债权，作为普通破产债权清偿；

（二）转让行为发生在破产申请受理后的，因管理人或者相关人员执行职务导致原权利人损害产生的债务，作为共益债务清偿。

第三十一条 债务人占有的他人财产被违法转让给第三人，第三人已向债务人支付了转让价款，但依据民法典第三百一十一条的规定未取得财产所有权，原权利人依法追回转让财产的，对因第三人已支付对价而产生的债务，人民法院应当按照以下规定处理：

（一）转让行为发生在破产申请受理前的，作为普通破产债权清偿；

（二）转让行为发生在破产申请受理后的，作为共益债务清偿。

第三十二条 债务人占有的他人财产毁损、灭失，因此获得的保险金、赔偿金、代偿物尚未交付给债务人，或者代偿物虽已交付给债务人但能与债务人财产予以区分的，权利人主张取回就此获得的保险金、赔偿金、代偿物的，人民法院应予支持。

保险金、赔偿金已经交付给债务人，或者代偿物已经交付给债务人且不能与债务人财产予以区分的，人民法院应当按照以下规定处理：

（一）财产毁损、灭失发生在破产申请受理前的，权利人因财产损失形成的债权，作为普通破产债权清偿；

（二）财产毁损、灭失发生在破产申请受理后的，因管理人或者相关人员执行职务导致权利人损害产生的债务，作为共益债务清偿。

债务人占有的他人财产毁损、灭失，没有获得相应的保险金、赔偿金、代偿物，或者保险金、赔偿物、代偿物不足以弥补其损失的部分，人民法院应当按照本条第二款的规定处理。

第三十三条　管理人或者相关人员在执行职务过程中，因故意或者重大过失不当转让他人财产或者造成他人财产毁损、灭失，导致他人损害产生的债务作为共益债务，由债务人财产随时清偿不足弥补损失，权利人向管理人或者相关人员主张承担补充赔偿责任的，人民法院应予支持。

上述债务作为共益债务由债务人财产随时清偿后，债权人以管理人或者相关人员执行职务不当导致债务人财产减少给其造成损失为由提起诉讼，主张管理人或者相关人员承担相应赔偿责任的，人民法院应予支持。

第三十四条　买卖合同双方当事人在合同中约定标的物所有权保留，在标的物所有权未依法转移给买受人前，一方当事人破产的，该买卖合同属于双方均未履行完毕的合同，管理人有权依据企业破产法第十八条的规定决定解除或者继续履行合同。

第三十五条　出卖人破产，其管理人决定继续履行所有权保留买卖合同的，买受人应当按照原买卖合同的约定支付价款或者履行其他义务。

买受人未依约支付价款或者履行完毕其他义务，或者将标的物出卖、出质或者作出其他不当处分，给出卖人造成损害，出卖人管理人依法主张取回标的物的，人民法院应予支持。但是，买受人已经支付标的物总价款百分之七十五以上或者第三人善意取得标的物所有权或者其他物权的除外。

因本条第二款规定未能取回标的物，出卖人管理人依法主张买受人继续支付价款、履行完毕其他义务，以及承担相应赔偿责任的，人民法院应予支持。

第三十六条 出卖人破产，其管理人决定解除所有权保留买卖合同，并依据企业破产法第十七条的规定要求买受人向其交付买卖标的物的，人民法院应予支持。

买受人以其不存在未依约支付价款或者履行完毕其他义务，或者将标的物出卖、出质或者作出其他不当处分情形抗辩的，人民法院不予支持。

买受人依法履行合同义务并依据本条第一款将买卖标的物交付出卖人管理人后，买受人已支付价款损失形成的债权作为共益债务清偿。但是，买受人违反合同约定，出卖人管理人主张上述债权作为普通破产债权清偿的，人民法院应予支持。

第三十七条 买受人破产，其管理人决定继续履行所有权保留买卖合同的，原买卖合同中约定的买受人支付价款或者履行其他义务的期限在破产申请受理时视为到期，买受人管理人应当及时向出卖人支付价款或者履行其他义务。

买受人管理人无正当理由未及时支付价款或者履行完毕其他义务，或者将标的物出卖、出质或者作出其他不当处分，给出卖人造成损害，出卖人依据民法典第六百四十一条等规定主张取回标的物的，人民法院应予支持。但是，买受人已支付标的物总价款百分之七十五以上或者第三人善意取得标的物所有权或者其他物权的除外。

因本条第二款规定未能取回标的物，出卖人依法主张买受人继续支付价款、履行完毕其他义务，以及承担相应赔偿责任的，人民法院应予支持。对因买受人未支付价款或者未履行完毕其他义务，以及买受人管理人将标的物出卖、出质或者作出其他不当处分导致出卖人损害产生的债务，出卖人主张作为共益债务清偿的，人民法院应予支持。

第三十八条 买受人破产，其管理人决定解除所有权保留买卖合同，出卖人依据企业破产法第三十八条的规定主张取回买卖标的物的，人民法院应予支持。

出卖人取回买卖标的物，买受人管理人主张出卖人返还已支付价款的，人民法院应予支持。取回的标的物价值明显减少给出卖人造成损失的，出卖人可从买受人已支付价款中优先予以抵扣后，将剩余部分返还给买受人；对买受人已支付价款不足以弥补出卖人标的物价值减损损失形成的债权，出卖人主张作为共益债务清偿的，人民法院应予支持。

第三十九条 出卖人依据企业破产法第三十九条的规定，通过通知承运人或者实际占有人中止运输、返还货物、变更到达地，或者将货物交给其他收货人等方式，对在运途中标的物主张了取回权但未能实现，或者在货物未达管理人前已向管理人主张取回在运途中标的物，在买卖标的物到达管理人后，出卖人向管理人主张取回的，管理人应予准许。

出卖人对在运途中标的物未及时行使取回权，在买卖标的物到达管理人后向管理人行使在运途中标的物取回权的，管理人不应准许。

第四十条 债务人重整期间，权利人要求取回债务人合法占有的权利人的财产，不符合双方事先约定条件的，人民法院不予支持。但是，因管理人或者自行管理的债务人违反约定，可能导致取回物被转让、毁损、灭失或者价值明显减少的除外。

第四十一条 债权人依据企业破产法第四十条的规定行使抵销权，应当向管理人提出抵销主张。

管理人不得主动抵销债务人与债权人的互负债务，但抵销使债务人财产受益的除外。

第四十二条 管理人收到债权人提出的主张债务抵销的通知后，

经审查无异议的，抵销自管理人收到通知之日起生效。

管理人对抵销主张有异议的，应当在约定的异议期限内或者自收到主张债务抵销的通知之日起三个月内向人民法院提起诉讼。无正当理由逾期提起的，人民法院不予支持。

人民法院判决驳回管理人提起的抵销无效诉讼请求的，该抵销自管理人收到主张债务抵销的通知之日起生效。

第四十三条 债权人主张抵销，管理人以下列理由提出异议的，人民法院不予支持：

（一）破产申请受理时，债务人对债权人负有的债务尚未到期；

（二）破产申请受理时，债权人对债务人负有的债务尚未到期；

（三）双方互负债务标的物种类、品质不同。

第四十四条 破产申请受理前六个月内，债务人有企业破产法第二条第一款规定的情形，债务人与个别债权人以抵销方式对个别债权人清偿，其抵销的债权债务属于企业破产法第四十条第（二）、（三）项规定的情形之一，管理人在破产申请受理之日起三个月内向人民法院提起诉讼，主张该抵销无效的，人民法院应予支持。

第四十五条 企业破产法第四十条所列不得抵销情形的债权人，主张以其对债务人特定财产享有优先受偿权的债权，与债务人对其不享有优先受偿权的债权抵销，债务人管理人以抵销存在企业破产法第四十条规定的情形提出异议的，人民法院不予支持。但是，用以抵销的债权大于债权人享有优先受偿权财产价值的除外。

第四十六条 债务人的股东主张以下列债务与债务人对其负有的债务抵销，债务人管理人提出异议的，人民法院应予支持：

（一）债务人股东因欠缴债务人的出资或者抽逃出资对债务人所负的债务；

（二）债务人股东滥用股东权利或者关联关系损害公司利益对债务人所负的债务。

第四十七条 人民法院受理破产申请后，当事人提起的有关债务人的民事诉讼案件，应当依据企业破产法第二十一条的规定，由受理破产申请的人民法院管辖。

受理破产申请的人民法院管辖的有关债务人的第一审民事案件，可以依据民事诉讼法第三十八条的规定，由上级人民法院提审，或者报请上级人民法院批准后交下级人民法院审理。

受理破产申请的人民法院，如对有关债务人的海事纠纷、专利纠纷、证券市场因虚假陈述引发的民事赔偿纠纷等案件不能行使管辖权的，可以依据民事诉讼法第三十七条的规定，由上级人民法院指定管辖。

第四十八条 本规定施行前本院发布的有关企业破产的司法解释，与本规定相抵触的，自本规定施行之日起不再适用。

最高人民法院关于适用
《中华人民共和国企业破产法》
若干问题的规定（三）

（2019 年 2 月 25 日最高人民法院审判委员会第 1762 次会议通过　根据 2020 年 12 月 23 日最高人民法院审判委员会第 1823 次会议通过的《最高人民法院关于修改〈最高人民法院关于破产企业国有划拨土地使用权应否列入破产财产等问题的批复〉等二十九件商事类司法解释的决定》修正）

为正确适用《中华人民共和国企业破产法》，结合审判实践，就人民法院审理企业破产案件中有关债权人权利行使等相关法律适用问题，制定本规定。

第一条 人民法院裁定受理破产申请的，此前债务人尚未支付的公司强制清算费用、未终结的执行程序中产生的评估费、公告费、保管费等执行费用，可以参照企业破产法关于破产费用的规定，由债务人财产随时清偿。

此前债务人尚未支付的案件受理费、执行申请费，可以作为破产债权清偿。

第二条 破产申请受理后，经债权人会议决议通过，或者第一次债权人会议召开前经人民法院许可，管理人或者自行管理的债务人可以为债务人继续营业而借款。提供借款的债权人主张参照企业破产法第四十二条第四项的规定优先于普通破产债权清偿的，人民法院应予支持，但其主张优先于此前已就债务人特定财产享有担保的债权清偿的，人民法院不予支持。

管理人或者自行管理的债务人可以为前述借款设定抵押担保，抵押物在破产申请受理前已为其他债权人设定抵押的，债权人主张按照民法典第四百一十四条规定的顺序清偿，人民法院应予支持。

第三条 破产申请受理后，债务人欠缴款项产生的滞纳金，包括债务人未履行生效法律文书应当加倍支付的迟延利息和劳动保险金的滞纳金，债权人作为破产债权申报的，人民法院不予确认。

第四条 保证人被裁定进入破产程序的，债权人有权申报其对保证人的保证债权。

主债务未到期的，保证债权在保证人破产申请受理时视为到期。一般保证的保证人主张行使先诉抗辩权的，人民法院不予支持，但债权人在一般保证人破产程序中的分配额应予提存，待一般保证人应承担的保证责任确定后再按照破产清偿比例予以分配。

保证人被确定应当承担保证责任的，保证人的管理人可以就保证人实际承担的清偿额向主债务人或其他债务人行使求偿权。

第五条 债务人、保证人均被裁定进入破产程序的，债权人有权向债务人、保证人分别申报债权。

债权人向债务人、保证人均申报全部债权的，从一方破产程序中获得清偿后，其对另一方的债权额不作调整，但债权人的受偿额不得超出其债权总额。保证人履行保证责任后不再享有求偿权。

第六条 管理人应当依照企业破产法第五十七条的规定对所申

报的债权进行登记造册，详尽记载申报人的姓名、单位、代理人、申报债权额、担保情况、证据、联系方式等事项，形成债权申报登记册。

管理人应当依照企业破产法第五十七条的规定对债权的性质、数额、担保财产、是否超过诉讼时效期间、是否超过强制执行期间等情况进行审查，编制债权表并提交债权人会议核查。

债权表、债权申报登记册及债权申报材料在破产期间由管理人保管，债权人、债务人、债务人职工及其他利害关系人有权查阅。

第七条　已经生效法律文书确定的债权，管理人应当予以确认。

管理人认为债权人据以申报债权的生效法律文书确定的债权错误，或者有证据证明债权人与债务人恶意通过诉讼、仲裁或者公证机关赋予强制执行力公证文书的形式虚构债权债务的，应当依法通过审判监督程序向作出该判决、裁定、调解书的人民法院或者上一级人民法院申请撤销生效法律文书，或者向受理破产申请的人民法院申请撤销或者不予执行仲裁裁决、不予执行公证债权文书后，重新确定债权。

第八条　债务人、债权人对债权表记载的债权有异议的，应当说明理由和法律依据。经管理人解释或调整后，异议人仍然不服的，或者管理人不予解释或调整的，异议人应当在债权人会议核查结束后十五日内向人民法院提起债权确认的诉讼。当事人之间在破产申请受理前订立有仲裁条款或仲裁协议的，应当向选定的仲裁机构申请确认债权债务关系。

第九条　债务人对债权表记载的债权有异议向人民法院提起诉讼的，应将被异议债权人列为被告。债权人对债权表记载的他人债权有异议的，应将被异议债权人列为被告；债权人对债权表记载的本人债权有异议的，应将债务人列为被告。

对同一笔债权存在多个异议人，其他异议人申请参加诉讼的，应当列为共同原告。

第十条　单个债权人有权查阅债务人财产状况报告、债权人会议决议、债权人委员会决议、管理人监督报告等参与破产程序所必需的债务人财务和经营信息资料。管理人无正当理由不予提供的，债权人可以请求人民法院作出决定；人民法院应当在五日内作出决定。

上述信息资料涉及商业秘密的，债权人应当依法承担保密义务或者签署保密协议；涉及国家秘密的应当依照相关法律规定处理。

第十一条 债权人会议的决议除现场表决外，可以由管理人事先将相关决议事项告知债权人，采取通信、网络投票等非现场方式进行表决。采取非现场方式进行表决的，管理人应当在债权人会议召开后的三日内，以信函、电子邮件、公告等方式将表决结果告知参与表决的债权人。

根据企业破产法第八十二条规定，对重整计划草案进行分组表决时，权益因重整计划草案受到调整或者影响的债权人或者股东，有权参加表决；权益未受到调整或者影响的债权人或者股东，参照企业破产法第八十三条的规定，不参加重整计划草案的表决。

第十二条 债权人会议的决议具有以下情形之一，损害债权人利益，债权人申请撤销的，人民法院应予支持：

（一）债权人会议的召开违反法定程序；

（二）债权人会议的表决违反法定程序；

（三）债权人会议的决议内容违法；

（四）债权人会议的决议超出债权人会议的职权范围。

人民法院可以裁定撤销全部或者部分事项决议，责令债权人会议依法重新作出决议。

债权人申请撤销债权人会议决议的，应当提出书面申请。债权人会议采取通信、网络投票等非现场方式进行表决的，债权人申请撤销的期限自债权人收到通知之日起算。

第十三条 债权人会议可以依照企业破产法第六十八条第一款第四项的规定，委托债权人委员会行使企业破产法第六十一条第一款第二、三、五项规定的债权人会议职权。债权人会议不得作出概括性授权，委托其行使债权人会议所有职权。

第十四条 债权人委员会决定所议事项应获得全体成员过半数通过，并作成议事记录。债权人委员会成员对所议事项的决议有不同意见的，应当在记录中载明。

债权人委员会行使职权应当接受债权人会议的监督，以适当的方式向债权人会议及时汇报工作，并接受人民法院的指导。

第十五条 管理人处分企业破产法第六十九条规定的债务人重大财产的，应当事先制作财产管理或者变价方案并提交债权人会议进行表决，债权人会议表决未通过的，管理人不得处分。

管理人实施处分前，应当根据企业破产法第六十九条的规定，提前十日书面报告债权人委员会或者人民法院。债权人委员会可以依照企业破产法第六十八条第二款的规定，要求管理人对处分行为作出相应说明或者提供有关文件依据。

债权人委员会认为管理人实施的处分行为不符合债权人会议通过的财产管理或变价方案的，有权要求管理人纠正。管理人拒绝纠正的，债权人委员会可以请求人民法院作出决定。

人民法院认为管理人实施的处分行为不符合债权人会议通过的财产管理或变价方案的，应当责令管理人停止处分行为。管理人应当予以纠正，或者提交债权人会议重新表决通过后实施。

第十六条 本规定自 2019 年 3 月 28 日起实施。

实施前本院发布的有关企业破产的司法解释，与本规定相抵触的，自本规定实施之日起不再适用。

中华人民共和国公司法（节录）

（1993 年 12 月 29 日第八届全国人民代表大会常务委员会第五次会议通过　根据 1999 年 12 月 25 日第九届全国人民代表大会常务委员会第十三次会议《关于修改〈中华人民共和国公司法〉的决定》第一次修正　根据 2004 年 8 月 28 日第十届全国人民代表大会常务委员会第十一次会议《关于修改〈中华人民共和国公司法〉的决定》第二次修正　2005 年 10 月 27 日第十届全国人民代表大会常务委员会第十八次会议修订　根据 2013 年 12 月 28 日第十二届全国人民代表大会常务委员会第六次会议《关于修改〈中华人民共和国海洋环境保护法〉等七部法律的决定》第三次修正　根据 2018 年 10 月 26 日第十三届全国人民代表大会常务委员会第六次会议《关于修改〈中华人民共和国公司法〉的决定》第四次修正）

……

第十章　公司解散和清算

第一百八十条　【公司解散原因】公司因下列原因解散：

（一）公司章程规定的营业期限届满或者公司章程规定的其他解散事由出现；

（二）股东会或者股东大会决议解散；

（三）因公司合并或者分立需要解散；

（四）依法被吊销营业执照、责令关闭或者被撤销；

（五）人民法院依照本法第一百八十二条的规定予以解散。

第一百八十一条 【修改公司章程】公司有本法第一百八十条第（一）项情形的，可以通过修改公司章程而存续。

依照前款规定修改公司章程，有限责任公司须经持有三分之二以上表决权的股东通过，股份有限公司须经出席股东大会会议的股东所持表决权的三分之二以上通过。

第一百八十二条 【司法强制解散公司】公司经营管理发生严重困难，继续存续会使股东利益受到重大损失，通过其他途径不能解决的，持有公司全部股东表决权百分之十以上的股东，可以请求人民法院解散公司。

第一百八十三条 【清算组的成立与组成】公司因本法第一百八十条第（一）项、第（二）项、第（四）项、第（五）项规定而解散的，应当在解散事由出现之日起十五日内成立清算组，开始清算。有限责任公司的清算组由股东组成，股份有限公司的清算组由董事或者股东大会确定的人员组成。逾期不成立清算组进行清算的，债权人可以申请人民法院指定有关人员组成清算组进行清算。人民法院应当受理该申请，并及时组织清算组进行清算。

第一百八十四条 【清算组的职权】清算组在清算期间行使下列职权：

（一）清理公司财产，分别编制资产负债表和财产清单；

（二）通知、公告债权人；

（三）处理与清算有关的公司未了结的业务；

（四）清缴所欠税款以及清算过程中产生的税款；

（五）清理债权、债务；

（六）处理公司清偿债务后的剩余财产；

（七）代表公司参与民事诉讼活动。

第一百八十五条 【债权人申报债权】清算组应当自成立之日起十日内通知债权人，并于六十日内在报纸上公告。债权人应当自接到通知书之日起三十日内，未接到通知书的自公告之日起四十五日内，向清算组申报其债权。

债权人申报债权，应当说明债权的有关事项，并提供证明材料。清算组应当对债权进行登记。

在申报债权期间，清算组不得对债权人进行清偿。

第一百八十六条　【清算程序】清算组在清理公司财产、编制资产负债表和财产清单后，应当制定清算方案，并报股东会、股东大会或者人民法院确认。

公司财产在分别支付清算费用、职工的工资、社会保险费用和法定补偿金，缴纳所欠税款，清偿公司债务后的剩余财产，有限责任公司按照股东的出资比例分配，股份有限公司按照股东持有的股份比例分配。

清算期间，公司存续，但不得开展与清算无关的经营活动。公司财产在未依照前款规定清偿前，不得分配给股东。

第一百八十七条　【破产申请】清算组在清理公司财产、编制资产负债表和财产清单后，发现公司财产不足清偿债务的，应当依法向人民法院申请宣告破产。

公司经人民法院裁定宣告破产后，清算组应当将清算事务移交给人民法院。

第一百八十八条　【公司注销】公司清算结束后，清算组应当制作清算报告，报股东会、股东大会或者人民法院确认，并报送公司登记机关，申请注销公司登记，公告公司终止。

第一百八十九条　【清算组成员的义务与责任】清算组成员应当忠于职守，依法履行清算义务。

清算组成员不得利用职权收受贿赂或者其他非法收入，不得侵占公司财产。

清算组成员因故意或者重大过失给公司或者债权人造成损失的，应当承担赔偿责任。

第一百九十条　【公司破产】公司被依法宣告破产的，依照有关企业破产的法律实施破产清算。

……

138

第一百九十八条 【虚报注册资本的法律责任】违反本法规定，虚报注册资本、提交虚假材料或者采取其他欺诈手段隐瞒重要事实取得公司登记的，由公司登记机关责令改正，对虚报注册资本的公司，处以虚报注册资本金额百分之五以上百分之十五以下的罚款；对提交虚假材料或者采取其他欺诈手段隐瞒重要事实的公司，处以五万元以上五十万元以下的罚款；情节严重的，撤销公司登记或者吊销营业执照。

……

第二百零五条 【公司在清算期间违法经营活动的法律责任】公司在清算期间开展与清算无关的经营活动的，由公司登记机关予以警告，没收违法所得。

第二百零六条 【清算组违法活动的法律责任】清算组不依照本法规定向公司登记机关报送清算报告，或者报送清算报告隐瞒重要事实或者有重大遗漏的，由公司登记机关责令改正。

清算组成员利用职权徇私舞弊、谋取非法收入或者侵占公司财产的，由公司登记机关责令退还公司财产，没收违法所得，并可以处以违法所得一倍以上五倍以下的罚款。

第二百零七条 【资产评估、验资或者验证机构违法的法律责任】承担资产评估、验资或者验证的机构提供虚假材料的，由公司登记机关没收违法所得，处以违法所得一倍以上五倍以下的罚款，并可以由有关主管部门依法责令该机构停业、吊销直接责任人员的资格证书，吊销营业执照。

承担资产评估、验资或者验证的机构因过失提供有重大遗漏的报告的，由公司登记机关责令改正，情节较重的，处以所得收入一倍以上五倍以下的罚款，并可以由有关主管部门依法责令该机构停业、吊销直接责任人员的资格证书，吊销营业执照。

承担资产评估、验资或者验证的机构因其出具的评估结果、验资或者验证证明不实，给公司债权人造成损失的，除能够证明自己没有过错的外，在其评估或者证明不实的金额范围内承担赔偿责任。

……

最高人民法院关于适用
《中华人民共和国公司法》
若干问题的规定（二）

（2008年5月12日法释〔2008〕6号公布　2014年2月20日法释〔2014〕2号第一次修正　2020年12月29日法释〔2020〕18号第二次修正）

为正确适用《中华人民共和国公司法》，结合审判实践，就人民法院审理公司解散和清算案件适用法律问题作出如下规定。

第一条　【股东提起解散公司诉讼案件的受理】单独或者合计持有公司全部股东表决权百分之十以上的股东，以下列事由之一提起解散公司诉讼，并符合公司法第一百八十二条规定的，人民法院应予受理：

（一）公司持续两年以上无法召开股东会或者股东大会，公司经营管理发生严重困难的；

（二）股东表决时无法达到法定或者公司章程规定的比例，持续两年以上不能做出有效的股东会或者股东大会决议，公司经营管理发生严重困难的；

（三）公司董事长期冲突，且无法通过股东会或者股东大会解决，公司经营管理发生严重困难的；

（四）经营管理发生其他严重困难，公司继续存续会使股东利益受到重大损失的情形。

股东以知情权、利润分配请求权等权益受到损害，或者公司亏损、财产不足以偿还全部债务，以及公司被吊销企业法人营业执照未进行清算等为由，提起解散公司诉讼的，人民法院不予受理。

140

第二条 【股东提起解散公司诉讼和公司清算案件的分离】 股东提起解散公司诉讼，同时又申请人民法院对公司进行清算的，人民法院对其提出的清算申请不予受理。人民法院可以告知原告，在人民法院判决解散公司后，依据民法典第七十条、公司法第一百八十三条和本规定第七条的规定，自行组织清算或者另行申请人民法院对公司进行清算。

第三条 【股东提起解散公司诉讼中的保全】 股东提起解散公司诉讼时，向人民法院申请财产保全或者证据保全的，在股东提供担保且不影响公司正常经营的情形下，人民法院可予以保全。

第四条 【股东提起解散公司诉讼的当事人】 股东提起解散公司诉讼应当以公司为被告。

原告以其他股东为被告一并提起诉讼的，人民法院应当告知原告将其他股东变更为第三人；原告坚持不予变更的，人民法院应当驳回原告对其他股东的起诉。

原告提起解散公司诉讼应当告知其他股东，或者由人民法院通知其参加诉讼。其他股东或者有关利害关系人申请以共同原告或者第三人身份参加诉讼的，人民法院应予准许。

第五条 【股东提起解散公司诉讼审理中的调解】 人民法院审理解散公司诉讼案件，应当注重调解。当事人协商同意由公司或者股东收购股份，或者以减资等方式使公司存续，且不违反法律、行政法规强制性规定的，人民法院应予支持。当事人不能协商一致使公司存续的，人民法院应当及时判决。

经人民法院调解公司收购原告股份的，公司应当自调解书生效之日起六个月内将股份转让或者注销。股份转让或者注销之前，原告不得以公司收购其股份为由对抗公司债权人。

第六条 【人民法院就是否解散公司作出的判决的约束力】 人民法院关于解散公司诉讼作出的判决，对公司全体股东具有法律约束力。

人民法院判决驳回解散公司诉讼请求后，提起该诉讼的股东或者其他股东又以同一事实和理由提起解散公司诉讼的，人民法院不予受理。

第七条　【解散公司的自行清算和指定清算】公司应当依照民法典第七十条、公司法第一百八十三条的规定，在解散事由出现之日起十五日内成立清算组，开始自行清算。

有下列情形之一，债权人、公司股东、董事或其他利害关系人申请人民法院指定清算组进行清算的，人民法院应予受理：

（一）公司解散逾期不成立清算组进行清算的；

（二）虽然成立清算组但故意拖延清算的；

（三）违法清算可能严重损害债权人或者股东利益的。

第八条　【清算组成员的产生】人民法院受理公司清算案件，应当及时指定有关人员组成清算组。

清算组成员可以从下列人员或者机构中产生：

（一）公司股东、董事、监事、高级管理人员；

（二）依法设立的律师事务所、会计师事务所、破产清算事务所等社会中介机构；

（三）依法设立的律师事务所、会计师事务所、破产清算事务所等社会中介机构中具备相关专业知识并取得执业资格的人员。

第九条　【清算组成员的更换】人民法院指定的清算组成员有下列情形之一的，人民法院可以根据债权人、公司股东、董事或其他利害关系人的申请，或者依职权更换清算组成员：

（一）有违反法律或者行政法规的行为；

（二）丧失执业能力或者民事行为能力；

（三）有严重损害公司或者债权人利益的行为。

第十条　【公司清算结束前的应诉及代表人问题】公司依法清算结束并办理注销登记前，有关公司的民事诉讼，应当以公司的名义进行。

公司成立清算组的，由清算组负责人代表公司参加诉讼；尚未成立清算组的，由原法定代表人代表公司参加诉讼。

第十一条 【清算组通知和公告解散清算事宜义务】公司清算时，清算组应当按照公司法第一百八十五条的规定，将公司解散清算事宜书面通知全体已知债权人，并根据公司规模和营业地域范围在全国或者公司注册登记地省级有影响的报纸上进行公告。

清算组未按照前款规定履行通知和公告义务，导致债权人未及时申报债权而未获清偿，债权人主张清算组成员对因此造成的损失承担赔偿责任的，人民法院应依法予以支持。

第十二条 【债权人异议】公司清算时，债权人对清算组核定的债权有异议的，可以要求清算组重新核定。清算组不予重新核定，或者债权人对重新核定的债权仍有异议，债权人以公司为被告向人民法院提起诉讼请求确认的，人民法院应予受理。

第十三条 【债权人补充申报债权的登记】债权人在规定的期限内未申报债权，在公司清算程序终结前补充申报的，清算组应予登记。

公司清算程序终结，是指清算报告经股东会、股东大会或者人民法院确认完毕。

第十四条 【债权人补充申报债权的清偿】债权人补充申报的债权，可以在公司尚未分配财产中依法清偿。公司尚未分配财产不能全额清偿，债权人主张股东以其在剩余财产分配中已经取得的财产予以清偿的，人民法院应予支持；但债权人因重大过错未在规定期限内申报债权的除外。

债权人或者清算组，以公司尚未分配财产和股东在剩余财产分配中已经取得的财产，不能全额清偿补充申报的债权为由，向人民法院提出破产清算申请的，人民法院不予受理。

第十五条 【清算方案的确认】公司自行清算的，清算方案应当报股东会或者股东大会决议确认；人民法院组织清算的，清算方案应当报人民法院确认。未经确认的清算方案，清算组不得执行。

执行未经确认的清算方案给公司或者债权人造成损失，公司、股东、董事、公司其他利害关系人或者债权人主张清算组成员承担赔偿责任的，人民法院应依法予以支持。

第十六条 【清算期限及延长】人民法院组织清算的，清算组应当自成立之日起六个月内清算完毕。

因特殊情况无法在六个月内完成清算的，清算组应当向人民法院申请延长。

第十七条 【债务清偿方案】人民法院指定的清算组在清理公司财产、编制资产负债表和财产清单时，发现公司财产不足清偿债务的，可以与债权人协商制作有关债务清偿方案。

债务清偿方案经全体债权人确认且不损害其他利害关系人利益的，人民法院可依清算组的申请裁定予以认可。清算组依据该清偿方案清偿债务后，应当向人民法院申请裁定终结清算程序。

债权人对债务清偿方案不予确认或者人民法院不予认可的，清算组应当依法向人民法院申请宣告破产。

第十八条 【清算义务人怠于履行义务的民事责任】有限责任公司的股东、股份有限公司的董事和控股股东未在法定期限内成立清算组开始清算，导致公司财产贬值、流失、毁损或者灭失，债权人主张其在造成损失范围内对公司债务承担赔偿责任的，人民法院应依法予以支持。

有限责任公司的股东、股份有限公司的董事和控股股东因怠于履行义务，导致公司主要财产、账册、重要文件等灭失，无法进行清算，债权人主张其对公司债务承担连带清偿责任的，人民法院应依法予以支持。

上述情形系实际控制人原因造成，债权人主张实际控制人对公司债务承担相应民事责任的，人民法院应依法予以支持。

第十九条 【清算义务人恶意处置公司财产或骗取注销登记的民事责任】有限责任公司的股东、股份有限公司的董事和控股股东，以及公司的实际控制人在公司解散后，恶意处置公司财产给债权人造成损失，或者未经依法清算，以虚假的清算报告骗取公司登记机关办理法人注销登记，债权人主张其对公司债务承担相应赔偿责任

144

的，人民法院应依法予以支持。

第二十条 【注销登记】公司解散应当在依法清算完毕后，申请办理注销登记。公司未经清算即办理注销登记，导致公司无法进行清算，债权人主张有限责任公司的股东、股份有限公司的董事和控股股东，以及公司的实际控制人对公司债务承担清偿责任的，人民法院应依法予以支持。

公司未经依法清算即办理注销登记，股东或者第三人在公司登记机关办理注销登记时承诺对公司债务承担责任，债权人主张其对公司债务承担相应民事责任的，人民法院应依法予以支持。

第二十一条 【清算义务人过错责任承担】按照本规定第十八条和第二十条第一款的规定应当承担责任的有限责任公司的股东、股份有限公司的董事和控股股东，以及公司的实际控制人为二人以上的，其中一人或者数人依法承担民事责任后，主张其他人员按照过错大小分担责任的，人民法院应依法予以支持。

第二十二条 【未缴纳出资应作为清算财产】公司解散时，股东尚未缴纳的出资均应作为清算财产。股东尚未缴纳的出资，包括到期应缴未缴的出资，以及依照公司法第二十六条和第八十条的规定分期缴纳尚未届满缴纳期限的出资。

公司财产不足以清偿债务时，债权人主张未缴出资股东，以及公司设立时的其他股东或者发起人在未缴出资范围内对公司债务承担连带清偿责任的，人民法院应依法予以支持。

第二十三条 【清算组成员违法从事清算事务的民事责任】清算组成员从事清算事务时，违反法律、行政法规或者公司章程给公司或者债权人造成损失，公司或者债权人主张其承担赔偿责任的，人民法院应依法予以支持。

有限责任公司的股东、股份有限公司连续一百八十日以上单独或者合计持有公司百分之一以上股份的股东，依据公司法第一百五十一条第三款的规定，以清算组成员有前款所述行为为由向人民法院提起诉讼的，人民法院应予受理。

公司已经清算完毕注销，上述股东参照公司法第一百五十一条第三款的规定，直接以清算组成员为被告、其他股东为第三人向人民法院提起诉讼的，人民法院应予受理。

第二十四条 【解散公司诉讼案件和公司清算案件的管辖】解散公司诉讼案件和公司清算案件由公司住所地人民法院管辖。公司住所地是指公司主要办事机构所在地。公司办事机构所在地不明确的，由其注册地人民法院管辖。

基层人民法院管辖县、县级市或者区的公司登记机关核准登记公司的解散诉讼案件和公司清算案件；中级人民法院管辖地区、地级市以上的公司登记机关核准登记公司的解散诉讼案件和公司清算案件。

最高人民法院关于破产案件
立案受理有关问题的通知

（2016 年 7 月 28 日）

各省、自治区、直辖市高级人民法院，新疆维吾尔自治区高级人民法院生产建设兵团分院：

中央经济工作会议提出推进供给侧结构性改革，这是适应我国经济发展新常态作出的重大战略部署。为供给侧结构性改革提供有力的司法保障，是当前和今后一段时期人民法院的重要任务。破产审判工作具有依法促进市场主体再生或有序退出，优化社会资源配置、完善优胜劣汰机制的独特功能，是人民法院保障供给侧结构性改革、推动过剩产能化解的重要途径。因此，各级法院要高度重视、大力加强破产审判工作，认真研究解决影响破产审判职能发挥的体制性、机制性障碍。当前，尤其要做好破产案件的立案受理工作，这是加强破产审判工作的首要环节。为此，特就人民法院破产案件立案受理的有关问题通知如下：

一、破产案件的立案受理事关当事人破产申请权保障，决定破产程序能否顺利启动，是审理破产案件的基础性工作，各级法院要充分认识其重要意义，依照本通知要求，切实做好相关工作，不得在法定条件之外设置附加条件，限制剥夺当事人的破产申请权，阻止破产案件立案受理，影响破产程序正常启动。

二、自 2016 年 8 月 1 日起，对于债权人、债务人等法定主体提出的破产申请材料，人民法院立案部门应一律接收并出具书面凭证，然后根据《中华人民共和国企业破产法》第八条的规定进行形式审查。立案部门经审查认为申请人提交的材料符合法律规定的，应按 2016 年 8 月 1 日起实施的《强制清算与破产案件类型及代字标准》，以"破申"作为案件类型代字编制案号，当场登记立案。不符合法律规定的，应予释明，并以书面形式一次性告知应当补充、补正的材料，补充、补正期间不计入审查期限。申请人按要求补充、补正的，应当登记立案。

立案部门登记立案后，应及时将案件移送负责审理破产案件的审判业务部门。

三、审判业务部门应当在五日内将立案及合议庭组成情况通知债务人及提出申请的债权人。对于债权人提出破产申请的，应在通知中向债务人释明，如对破产申请有异议，应当自收到通知之日起七日内向人民法院提出。

四、债权人提出破产申请的，审判业务部门应当自债务人异议期满之日起十日内裁定是否受理。其他情形的，审判业务部门应当自人民法院收到破产申请之日起十五日内裁定是否受理。

有特殊情况需要延长上述审限的，经上一级人民法院批准，可以延长十五日。

五、破产案件涉及的矛盾错综复杂，协调任务繁重，审理周期长，对承办法官的绩效考评应充分考虑这种特殊性。各高级法院要根据本地实际，积极探索建立能够全面客观反映审理破产案件工作量的考评指标体系和科学合理的绩效考评机制，充分调动法官承办破产案件的积极性。

六、各级法院要在地方党委的领导下，同地方政府建立破产工作统一协调机制，积极争取机构、编制、财政、税收等方面的支持，根据审判任务变化情况合理设置机构、配置人员，建立破产援助基金，协调政府解决职工安置问题，妥善化解影响社会稳定的各类风险。

七、请各高级法院、解放军军事法院，新疆维吾尔自治区高级人民法院生产建设兵团分院对本辖区、本系统各级法院今年上半年立案的破产案件数量和破产审判庭设置情况进行统计汇总，于 2016 年 8 月 20 日之前报最高人民法院民二庭。

各级人民法院对本通知执行中发现的新情况、新问题，应逐级报最高人民法院。

特此通知。

最高人民法院关于审理
企业破产案件若干问题的规定

（2002 年 7 月 18 日最高人民法院审判委员会第 1232 次会议通过　2002 年 7 月 30 日最高人民法院公告公布　自2002 年 9 月 1 日起施行　法释〔2002〕23 号）

为正确适用《中华人民共和国企业破产法（试行）》（以下简称企业破产法）、《中华人民共和国民事诉讼法》（以下简称民事诉讼法），规范对企业破产案件的审理，结合人民法院审理企业破产案件的实际情况，特制定以下规定。

一、关于企业破产案件管辖

第一条 企业破产案件由债务人住所地人民法院管辖。债务人住所地指债务人的主要办事机构所在地。债务人无办事机构的,由其注册地人民法院管辖。

第二条 基层人民法院一般管辖县、县级市或者区的工商行政管理机关核准登记企业的破产案件;

中级人民法院一般管辖地区、地级市(含本级)以上的工商行政管理机关核准登记企业的破产案件;

纳入国家计划调整的企业破产案件,由中级人民法院管辖。

第三条 上级人民法院审理下级人民法院管辖的企业破产案件,或者将本院管辖的企业破产案件移交下级人民法院审理,以及下级人民法院需要将自己管辖的企业破产案件交由上级人民法院审理的,依照民事诉讼法第三十九条的规定办理;省、自治区、直辖市范围内因特殊情况需对个别企业破产案件的地域管辖作调整的,须经共同上级人民法院批准。

二、关于破产申请与受理

第四条 申请(被申请)破产的债务人应当具备法人资格,不具备法人资格的企业、个体工商户、合伙组织、农村承包经营户不具备破产主体资格。

第五条 国有企业向人民法院申请破产时,应当提交其上级主管部门同意其破产的文件;其他企业应当提供其开办人或者股东会议决定企业破产的文件。

第六条 债务人申请破产,应当向人民法院提交下列材料:

(一)书面破产申请;

（二）企业主体资格证明；

（三）企业法定代表人与主要负责人名单；

（四）企业职工情况和安置预案；

（五）企业亏损情况的书面说明，并附审计报告；

（六）企业至破产申请日的资产状况明细表，包括有形资产、无形资产和企业投资情况等；

（七）企业在金融机构开设账户的详细情况，包括开户审批材料、账号、资金等；

（八）企业债权情况表，列明企业的债务人名称、住所、债务数额、发生时间和催讨偿还情况；

（九）企业债务情况表，列明企业的债权人名称、住所、债权数额、发生时间；

（十）企业涉及的担保情况；

（十一）企业已发生的诉讼情况；

（十二）人民法院认为应当提交的其他材料。

第七条　债权人申请债务人破产，应当向人民法院提交下列材料：

（一）债权发生的事实与证据；

（二）债权性质、数额、有无担保，并附证据；

（三）债务人不能清偿到期债务的证据。

第八条　债权人申请债务人破产，人民法院可以通知债务人核对以下情况：

（一）债权的真实性；

（二）债权在债务人不能偿还的到期债务中所占的比例；

（三）债务人是否存在不能清偿到期债务的情况。

第九条　债权人申请债务人破产，债务人对债权人的债权提出异议，人民法院认为异议成立的，应当告知债权人先行提起民事诉讼。破产申请不予受理。

第十条　人民法院收到破产申请后，应当在 7 日内决定是否立案；破产申请人提交的材料需要更正、补充的，人民法院可以责令申请人限期更正、补充。按期更正、补充材料的，人民法院自收到更正补充材料之日起 7 日内决定是否立案；未按期更正、补充的，视为撤回申请。

人民法院决定受理企业破产案件的，应当制作案件受理通知书，并送达申请人和债务人。通知书作出时间为破产案件受理时间。

第十一条 在人民法院决定受理企业破产案件前，破产申请人可以请求撤回破产申请。

人民法院准许申请人撤回破产申请的，在撤回破产申请之前已经支出的费用由破产申请人承担。

第十二条 人民法院经审查发现有下列情况的，破产申请不予受理：

（一）债务人有隐匿、转移财产等行为，为了逃避债务而申请破产的；

（二）债权人借破产申请毁损债务人商业信誉，意图损害公平竞争的。

第十三条 人民法院对破产申请不予受理的，应当作出裁定。

破产申请人对不予受理破产申请的裁定不服的，可以在裁定送达之日起 10 日内向上一级人民法院提起上诉。

第十四条 人民法院受理企业破产案件后，发现不符合法律规定的受理条件或者有本规定第十二条所列情形的，应当裁定驳回破产申请。

人民法院受理债务人的破产申请后，发现债务人巨额财产下落不明且不能合理解释财产去向的，应当裁定驳回破产申请。

破产申请人对驳回破产申请的裁定不服的，可以在裁定送达之日起 10 日内向上一级人民法院提起上诉。

第十五条 人民法院决定受理企业破产案件后，应当组成合议庭，并在 10 日内完成下列工作：

（一）将合议庭组成人员情况书面通知破产申请人和被申请人，

并在法院公告栏张贴企业破产受理公告。公告内容应当写明：破产申请受理时间、债务人名称、申报债权的期限、地点和逾期未申报债权的法律后果、第一次债权人会议召开的日期、地点；

（二）在债务人企业发布公告，要求保护好企业财产，不得擅自处理企业的账册、文书、资料、印章，不得隐匿、私分、转让、出售企业财产；

（三）通知债务人立即停止清偿债务，非经人民法院许可不得支付任何费用；

（四）通知债务人的开户银行停止债务人的结算活动，并不得扣划债务人款项抵扣债务。但经人民法院依法许可的除外。

第十六条 人民法院受理债权人提出的企业破产案件后，应当通知债务人在 15 日内向人民法院提交有关会计报表、债权债务清册、企业资产清册以及人民法院认为应当提交的资料。

第十七条 人民法院受理企业破产案件后，除应当按照企业破产法第九条的规定通知已知的债权人外，还应当于 30 日内在国家、地方有影响的报纸上刊登公告，公告内容同第十五条第（一）项的规定。

第十八条 人民法院受理企业破产案件后，除可以随即进行破产宣告成立清算组的外，在企业原管理组织不能正常履行管理职责的情况下，可以成立企业监管组。企业监管组成员从企业上级主管部门或者股东会议代表、企业原管理人员、主要债权人中产生，也可以聘请会计师、律师等中介机构参加。企业监管组主要负责处理以下事务：

（一）清点、保管企业财产；

（二）核查企业债权；

（三）为企业利益而进行的必要的经营活动；

（四）支付人民法院许可的必要支出；

（五）人民法院许可的其他工作。

企业监管组向人民法院负责，接受人民法院的指导、监督。

第十九条　人民法院受理企业破产案件后，以债务人为原告的其他民事纠纷案件尚在一审程序的，受诉人民法院应当将案件移送受理破产案件的人民法院；案件已进行到二审程序的，受诉人民法院应当继续审理。

第二十条　人民法院受理企业破产案件后，对债务人财产的其他民事执行程序应当中止。

以债务人为被告的其他债务纠纷案件，根据下列不同情况分别处理：

（一）已经审结但未执行完毕的，应当中止执行，由债权人凭生效的法律文书向受理破产案件的人民法院申报债权。

（二）尚未审结且无其他被告和无独立请求权的第三人的，应当中止诉讼，由债权人向受理破产案件的人民法院申报债权。在企业被宣告破产后，终结诉讼。

（三）尚未审结并有其他被告或者无独立请求权的第三人的，应当中止诉讼，由债权人向受理破产案件的人民法院申报债权。待破产程序终结后，恢复审理。

（四）债务人系从债务人的债务纠纷案件继续审理。

三、关于债权申报

第二十一条　债权人申报债权应当提交债权证明和合法有效的身份证明；代理申报人应当提交委托人的有效身份证明、授权委托书和债权证明。

申报的债权有财产担保的，应当提交证明财产担保的证据。

第二十二条　人民法院在登记申报的债权时，应当记明债权人名称、住所、开户银行、申报债权数额、申报债权的证据、财产担保情况、申报时间、联系方式以及其他必要的情况。

已经成立清算组的，由清算组进行上述债权登记工作。

第二十三条　连带债务人之一或者数人破产的，债权人可就全部债权向该债务人或者各债务人行使权利，申报债权。债权人未申报债权的，其他连带债务人可就将来可能承担的债务申报债权。

第二十四条　债权人虽未在法定期间申报债权，但有民事诉讼法第七十六条规定情形的，在破产财产分配前可向清算组申报债权。清算组负责审查其申报的债权，并由人民法院审查确定。债权人会议对人民法院同意该债权人参加破产财产分配有异议的，可以向人民法院申请复议。

四、关于破产和解与破产企业整顿

第二十五条　人民法院受理企业破产案件后，在破产程序终结前，债务人可以向人民法院申请和解。人民法院在破产案件审理过程中，可以根据债权人、债务人具体情况向双方提出和解建议。

人民法院作出破产宣告裁定前，债权人会议与债务人达成和解协议并经人民法院裁定认可的，由人民法院发布公告，中止破产程序。

人民法院作出破产宣告裁定后，债权人会议与债务人达成和解协议并经人民法院裁定认可，由人民法院裁定中止执行破产宣告裁定，并公告中止破产程序。

第二十六条　债务人不按和解协议规定的内容清偿全部债务的，相关债权人可以申请人民法院强制执行。

第二十七条　债务人不履行或者不能履行和解协议的，经债权人申请，人民法院应当裁定恢复破产程序。和解协议系在破产宣告前达成的，人民法院应当在裁定恢复破产程序的同时裁定宣告债务人破产。

第二十八条　企业由债权人申请破产的，如被申请破产的企业系国有企业，依照企业破产法第四章的规定，其上级主管部门可以申请对该企业进行整顿。整顿申请应当在债务人被宣告破产前提出。

企业无上级主管部门的，企业股东会议可以通过决议并以股东会议名义申请对企业进行整顿。整顿工作由股东会议指定人员负责。

第二十九条　企业整顿期间，企业的上级主管部门或者负责实施整顿方案的人员应当定期向债权人会议和人民法院报告整顿情况、和解协议执行情况。

第三十条　企业整顿期间，对于债务人财产的执行仍适用企业破产法第十一条的规定。

五、关于破产宣告

第三十一条　企业破产法第三条第一款规定的"不能清偿到期债务"是指：

（一）债务的履行期限已届满；

（二）债务人明显缺乏清偿债务的能力。

债务人停止清偿到期债务并呈连续状态，如无相反证据，可推定为"不能清偿到期债务"。

第三十二条　人民法院受理债务人破产案件后，有下列情形之一的，应当裁定宣告债务人破产：

（一）债务人不能清偿债务且与债权人不能达成和解协议的；

（二）债务人不履行或者不能履行和解协议的；

（三）债务人在整顿期间有企业破产法第二十一条规定情形的；

（四）债务人在整顿期满后有企业破产法第二十二条第二款规定情形的。

宣告债务人破产应当公开进行。由债权人提出破产申请的，破产宣告时应当通知债务人到庭。

第三十三条　债务人自破产宣告之日起停止生产经营活动。为债权人利益确有必要继续生产经营的，须经人民法院许可。

第三十四条　人民法院宣告债务人破产后，应当通知债务人的开户银行，限定其银行账户只能由清算组使用。人民法院通知开户银行时应当附破产宣告裁定书。

第三十五条　人民法院裁定宣告债务人破产后应当发布公告，公告内容包括债务人亏损情况、资产负债状况、破产宣告时间、破产宣告理由和法律依据以及对债务人的财产、账册、文书、资料和印章的保护等内容。

第三十六条　破产宣告后，破产企业的财产在其他民事诉讼程序中被查封、扣押、冻结的，受理破产案件的人民法院应当立即通知采取查封、扣押、冻结措施的人民法院予以解除，并向受理破产案件的人民法院办理移交手续。

第三十七条　企业被宣告破产后，人民法院应当指定必要的留守人员。破产企业的法定代表人、财会、财产保管人员必须留守。

第三十八条　破产宣告后，债权人或者债务人对破产宣告有异议的，可以在人民法院宣告企业破产之日起 10 日内，向上一级人民法院申诉。上一级人民法院应当组成合议庭进行审理，并在 30 日内作出裁定。

六、关于债权人会议

第三十九条　债权人会议由申报债权的债权人组成。

债权人会议主席由人民法院在有表决权的债权人中指定。必要时，人民法院可以指定多名债权人会议主席，成立债权人会议主席委员会。

少数债权人拒绝参加债权人会议，不影响会议的召开。但债权人会议不得作出剥夺其对破产财产受偿的机会或者不利于其受偿的决议。

第四十条　第一次债权人会议应当在人民法院受理破产案件公告 3 个月期满后召开。除债务人的财产不足以支付破产费用，破产程序提前终结外，不得以一般债权的清偿率为零为理由取消债权人会议。

第四十一条 第一次债权人会议由人民法院召集并主持。人民法院除完成本规定第十七条确定的工作外，还应当做好以下准备工作：

（一）拟订第一次债权人会议议程；

（二）向债务人的法定代表人或者负责人发出通知，要求其必须到会；

（三）向债务人的上级主管部门、开办人或者股东会议代表发出通知，要求其派员列席会议；

（四）通知破产清算组成员列席会议；

（五）通知审计、评估人员参加会议；

（六）需要提前准备的其他工作。

第四十二条 债权人会议一般包括以下内容：

（一）宣布债权人会议职权和其他有关事项；

（二）宣布债权人资格审查结果；

（三）指定并宣布债权人会议主席；

（四）安排债务人法定代表人或者负责人接受债权人询问；

（五）由清算组通报债务人的生产经营、财产、债务情况并作清算工作报告和提出财产处理方案及分配方案；

（六）讨论并审查债权的证明材料、债权的财产担保情况及数额、讨论通过和解协议、审阅清算组的清算报告、讨论通过破产财产的处理方案与分配方案等。讨论内容应当记明笔录。债权人对人民法院或者清算组登记的债权提出异议的，人民法院应当及时审查并作出裁定；

（七）根据讨论情况，依照企业破产法第十六条的规定进行表决。

以上第（五）至（七）项议程内的工作在本次债权人会议上无法完成的，交由下次债权人会议继续进行。

第四十三条　债权人认为债权人会议决议违反法律规定或者侵害其合法权益的，可以在债权人会议作出决议后 7 日内向人民法院提出，由人民法院依法裁定。

第四十四条　清算组财产分配方案经债权人会议两次讨论未获通过的，由人民法院依法裁定。

对前款裁定，占无财产担保债权总额半数以上债权的债权人有异议的，可以在人民法院作出裁定之日起 10 日内向上一级人民法院申诉。上一级人民法院应当组成合议庭进行审理，并在 30 日内作出裁定。

第四十五条　债权人可以委托代理人出席债权人会议，并可以授权代理人行使表决权。代理人应当向人民法院或者债权人会议主席提交授权委托书。

第四十六条　第一次债权人会议后又召开债权人会议的，债权人会议主席应当在发出会议通知前 3 日报告人民法院，并由会议召集人在开会前 15 日将会议时间、地点、内容、目的等事项通知债权人。

七、关于清算组

第四十七条　人民法院应当自裁定宣告企业破产之日起 15 日内成立清算组。

第四十八条　清算组成员可以从破产企业上级主管部门、清算中介机构以及会计、律师中产生，也可以从政府财政、工商管理、计委、经委、审计、税务、物价、劳动、社会保险、土地管理、国有资产管理、人事等部门中指定。人民银行分（支）行可以按照有关规定派人参加清算组。

第四十九条　清算组经人民法院同意可以聘请破产清算机构、律师事务所、会计事务所等中介机构承担一定的破产清算工作。中介机构就清算工作向清算组负责。

第五十条　清算组的主要职责是：

（一）接管破产企业。向破产企业原法定代表人及留守人员接收原登记造册的资产明细表、有形资产清册，接管所有财产、账册、文书档案、印章、证照和有关资料。破产宣告前成立企业监管组的，由企业监管组和企业原法定代表人向清算组进行移交；

（二）清理破产企业财产，编制财产明细表和资产负债表，编制债权债务清册，组织破产财产的评估、拍卖、变现；

（三）回收破产企业的财产，向破产企业的债务人、财产持有人依法行使财产权利；

（四）管理、处分破产财产，决定是否履行合同和在清算范围内进行经营活动。确认别除权、抵销权、取回权；

（五）进行破产财产的委托评估、拍卖及其他变现工作；

（六）依法提出并执行破产财产处理和分配方案；

（七）提交清算报告；

（八）代表破产企业参加诉讼和仲裁活动；

（九）办理企业注销登记等破产终结事宜；

（十）完成人民法院依法指定的其他事项。

第五十一条　清算组对人民法院负责并且报告工作，接受人民法院的监督。人民法院应当及时指导清算组的工作，明确清算组的职权与责任，帮助清算组拟订工作计划，听取清算组汇报工作。

清算组有损害债权人利益的行为或者其他违法行为的，人民法院可以根据债权人的申请或者依职权予以纠正。

人民法院可以根据债权人的申请或者依职权更换不称职的清算组成员。

第五十二条　清算组应当列席债权人会议，接受债权人会议的询问。债权人有权查阅有关资料、询问有关事项；清算组的决定违背债权人利益的，债权人可以申请人民法院裁定撤销该决定。

第五十三条　清算组对破产财产应当及时登记、清理、审计、评估、变价。必要时，可以请求人民法院对破产企业财产进行保全。

第五十四条 清算组应当采取有效措施保护破产企业的财产。债务人的财产权利如不依法登记或者及时行使将丧失权利的，应当及时予以登记或者行使；对易损、易腐、跌价或者保管费用较高的财产应当及时变卖。

八、关于破产债权

第五十五条 下列债权属于破产债权：

（一）破产宣告前发生的无财产担保的债权；

（二）破产宣告前发生的虽有财产担保但是债权人放弃优先受偿的债权；

（三）破产宣告前发生的虽有财产担保但是债权数额超过担保物价值部分的债权；

（四）票据出票人被宣告破产，付款人或者承兑人不知其事实而向持票人付款或者承兑所产生的债权；

（五）清算组解除合同，对方当事人依法或者依照合同约定产生的对债务人可以用货币计算的债权；

（六）债务人的受托人在债务人破产后，为债务人的利益处理委托事务所发生的债权；

（七）债务人发行债券形成的债权；

（八）债务人的保证人代替债务人清偿债务后依法可以向债务人追偿的债权；

（九）债务人的保证人按照《中华人民共和国担保法》第三十二条的规定预先行使追偿权而申报的债权；

（十）债务人为保证人的，在破产宣告前已经被生效的法律文书确定承担的保证责任；

（十一）债务人在破产宣告前因侵权、违约给他人造成财产损失而产生的赔偿责任；

（十二）人民法院认可的其他债权。以上第（五）项债权以实际损失为计算原则。违约金不作为破产债权，定金不再适用定金罚则。

第五十六条　因企业破产解除劳动合同，劳动者依法或者依据劳动合同对企业享有的补偿金请求权，参照企业破产法第三十七条第二款第（一）项规定的顺序清偿。

第五十七条　债务人所欠非正式职工（含短期劳动工）的劳动报酬，参照企业破产法第三十七条第二款第（一）项规定的顺序清偿。

第五十八条　债务人所欠企业职工集资款，参照企业破产法第三十七条第二款第（一）项规定的顺序清偿。但对违反法律规定的高额利息部分不予保护。

职工向企业的投资，不属于破产债权。

第五十九条　债务人退出联营应当对该联营企业的债务承担责任的，联营企业的债权人对该债务人享有的债权属于破产债权。

第六十条　与债务人互负债权债务的债权人可以向清算组请求行使抵销权，抵销权的行使应当具备以下条件：

（一）债权人的债权已经得到确认；

（二）主张抵销的债权债务均发生在破产宣告之前。

经确认的破产债权可以转让。受让人以受让的债权抵销其所欠债务人债务的，人民法院不予支持。

第六十一条　下列债权不属于破产债权：

（一）行政、司法机关对破产企业的罚款、罚金以及其他有关费用；

（二）人民法院受理破产案件后债务人未支付应付款项的滞纳金，包括债务人未执行生效法律文书应当加倍支付的迟延利息和劳动保险金的滞纳金；

（三）破产宣告后的债务利息；

（四）债权人参加破产程序所支出的费用；

（五）破产企业的股权、股票持有人在股权、股票上的权利；

（六）破产财产分配开始后向清算组申报的债权；

（七）超过诉讼时效的债权；

（八）债务人开办单位对债务人未收取的管理费、承包费。

上述不属于破产债权的权利，人民法院或者清算组也应当对当事人的申报进行登记。

第六十二条 政府无偿拨付给债务人的资金不属于破产债权。但财政、扶贫、科技管理等行政部门通过签订合同，按有偿使用、定期归还原则发放的款项，可以作为破产债权。

第六十三条 债权人对清算组确认或者否认的债权有异议的，可以向清算组提出。债权人对清算组的处理仍有异议的，可以向人民法院提出。人民法院应当在查明事实的基础上依法作出裁决。

九、关于破产财产

第六十四条 破产财产由下列财产构成：

（一）债务人在破产宣告时所有的或者经营管理的全部财产；

（二）债务人在破产宣告后至破产程序终结前取得的财产；

（三）应当由债务人行使的其他财产权利。

第六十五条 债务人与他人共有的物、债权、知识产权等财产或者财产权，应当在破产清算中予以分割，债务人分割所得属于破产财产；不能分割的，应当就其应得部分转让，转让所得属于破产财产。

第六十六条 债务人的开办人注册资金投入不足的，应当由该开办人予以补足，补足部分属于破产财产。

第六十七条 企业破产前受让他人财产并依法取得所有权或者土地使用权的，即便未支付或者未完全支付对价，该财产仍属于破产财产。

第六十八条　债务人的财产被采取民事诉讼执行措施的，在受理破产案件后尚未执行的或者未执行完毕的剩余部分，在该企业被宣告破产后列入破产财产。因错误执行应当执行回转的财产，在执行回转后列入破产财产。

第六十九条　债务人依照法律规定取得代位求偿权的，依该代位求偿权享有的债权属于破产财产。

第七十条　债务人在被宣告破产时未到期的债权视为已到期，属于破产财产，但应当减去未到期的利息。

第七十一条　下列财产不属于破产财产：

（一）债务人基于仓储、保管、加工承揽、委托交易、代销、借用、寄存、租赁等法律关系占有、使用的他人财产；

（二）抵押物、留置物、出质物，但权利人放弃优先受偿权的或者优先偿付被担保债权剩余的部分除外；

（三）担保物灭失后产生的保险金、补偿金、赔偿金等代位物；

（四）依照法律规定存在优先权的财产，但权利人放弃优先受偿权或者优先偿付特定债权剩余的部分除外；

（五）特定物买卖中，尚未转移占有但相对人已完全支付对价的特定物；

（六）尚未办理产权证或者产权过户手续但已向买方交付的财产；

（七）债务人在所有权保留买卖中尚未取得所有权的财产；

（八）所有权专属于国家且不得转让的财产；

（九）破产企业工会所有的财产。

第七十二条　本规定第七十一条第（一）项所列的财产，财产权利人有权取回。

前款财产在破产宣告前已经毁损灭失的，财产权利人仅能以直接损失额为限申报债权；在破产宣告后因清算组的责任毁损灭失的，财产权利人有权获得等值赔偿。

债务人转让上述财产获利的，财产权利人有权要求债务人等值赔偿。

十、关于破产财产的收回、处理和变现

第七十三条 清算组应当向破产企业的债务人和财产持有人发出书面通知，要求债务人和财产持有人于限定的时间向清算组清偿债务或者交付财产。

破产企业的债务人和财产持有人有异议的，应当在收到通知后的 7 日内提出，由人民法院作出裁定。

破产企业的债务人和财产持有人在收到通知后既不向清算组清偿债务或者交付财产，又没有正当理由不在规定的异议期内提出异议的，由清算组向人民法院提出申请，经人民法院裁定后强制执行。

破产企业在境外的财产，由清算组予以收回。

第七十四条 债务人享有的债权，其诉讼时效自人民法院受理债务人的破产申请之日起，适用《中华人民共和国民法通则》第一百四十条关于诉讼时效中断的规定。债务人与债权人达成和解协议，中止破产程序的，诉讼时效自人民法院中止破产程序裁定之日起重新计算。

第七十五条 经人民法院同意，清算组可以聘用律师或者其他中介机构的人员追收债权。

第七十六条 债务人设立的分支机构和没有法人资格的全资机构的财产，应当一并纳入破产程序进行清理。

第七十七条 债务人在其开办的全资企业中的投资权益应当予以追收。

全资企业资不抵债的，清算组停止追收。

第七十八条 债务人对外投资形成的股权及其收益应当予以追收。对该股权可以出售或者转让，出售、转让所得列入破产财产进行分配。

股权价值为负值的，清算组停止追收。

第七十九条　债务人开办的全资企业，以及由其参股、控股的企业不能清偿到期债务，需要进行破产还债的，应当另行提出破产申请。

第八十条　清算组处理集体所有土地使用权时，应当遵守相关法律规定。未办理土地征用手续的集体所有土地使用权，应当在该集体范围内转让。

第八十一条　破产企业的职工住房，已经签订合同、交付房款，进行房改给个人的，不属于破产财产。未进行房改的，可由清算组向有关部门申请办理房改事项，向职工出售。按照国家规定不具备房改条件，或者职工在房改中不购买住房的，由清算组根据实际情况处理。

第八十二条　债务人的幼儿园、学校、医院等公益福利性设施，按国家有关规定处理，不作为破产财产分配。

第八十三条　处理破产财产前，可以确定有相应评估资质的评估机构对破产财产进行评估，债权人会议、清算组对破产财产的评估结论、评估费用有异议的，参照最高人民法院《关于民事诉讼证据的若干规定》第二十七条的规定处理。

第八十四条　债权人会议对破产财产的市场价格无异议的，经人民法院同意后，可以不进行评估。但是国有资产除外。

第八十五条　破产财产的变现应当以拍卖方式进行。由清算组负责委托有拍卖资格的拍卖机构进行拍卖。

依法不得拍卖或者拍卖所得不足以支付拍卖所需费用的，不进行拍卖。

前款不进行拍卖或者拍卖不成的破产财产，可以在破产分配时进行实物分配或者作价变卖。债权人对清算组在实物分配或者作价变卖中对破产财产的估价有异议的，可以请求人民法院进行审查。

第八十六条　破产财产中的成套设备，一般应当整体出售。

第八十七条　依法属于限制流通的破产财产，应当由国家指定的部门收购或者按照有关法律规定处理。

十一、关于破产费用

第八十八条 破产费用包括：

（一）破产财产的管理、变卖、分配所需要的费用；

（二）破产案件的受理费；

（三）债权人会议费用；

（四）催收债务所需费用；

（五）为债权人的共同利益而在破产程序中支付的其他费用。

第八十九条 人民法院受理企业破产案件可以按照《人民法院诉讼收费办法补充规定》预收案件受理费。

破产宣告前发生的经人民法院认可的必要支出，从债务人财产中拨付。债务人财产不足以支付的，如系债权人申请破产的，由债权人支付。

第九十条 清算期间职工生活费、医疗费可以从破产财产中优先拨付。

第九十一条 破产费用可随时支付，破产财产不足以支付破产费用的，人民法院根据清算组的申请裁定终结破产程序。

十二、关于破产财产的分配

第九十二条 破产财产分配方案经债权人会议通过后，由清算组负责执行。财产分配可以一次分配，也可以多次分配。

第九十三条 破产财产分配方案应当包括以下内容：

（一）可供破产分配的财产种类、总值，已经变现的财产和未变现的财产；

（二）债权清偿顺序、各顺序的种类与数额，包括破产企业所欠职工工资、劳动保险费用和破产企业所欠税款的数额和计算依据，纳入国家计划调整的企业破产，还应当说明职工安置费的数额和计算依据；

（三）破产债权总额和清偿比例；

（四）破产分配的方式、时间；

（五）对将来能够追回的财产拟进行追加分配的说明。

第九十四条　列入破产财产的债权，可以进行债权分配。债权分配以便于债权人实现债权为原则。

将人民法院已经确认的债权分配给债权人的，由清算组向债权人出具债权分配书，债权人可以凭债权分配书向债务人要求履行。债务人拒不履行的，债权人可以申请人民法院强制执行。

第九十五条　债权人未在指定期限内领取分配的财产的，对该财产可以进行提存或者变卖后提存价款，并由清算组向债权人发出催领通知书。债权人在收到催领通知书一个月后或者在清算组发出催领通知书两个月后，债权人仍未领取的，清算组应当对该部分财产进行追加分配。

十三、关于破产终结

第九十六条　破产财产分配完毕，由清算组向人民法院报告分配情况，并申请人民法院终结破产程序。

人民法院在收到清算组的报告和终结破产程序申请后，认为符合破产程序终结规定的，应当在 7 日内裁定终结破产程序。

第九十七条　破产程序终结后，由清算组向破产企业原登记机关办理企业注销登记。

破产程序终结后仍有可以追收的破产财产、追加分配等善后事宜需要处理的，经人民法院同意，可以保留清算组或者保留部分清算组成员。

第九十八条　破产程序终结后出现可供分配的财产的，应当追加分配。追加分配的财产，除企业破产法第四十条规定的由人民法院追回的财产外，还包括破产程序中因纠正错误支出收回的款项，因权利被承认追回的财产，债权人放弃的财产和破产程序终结后实现的财产权利等。

第九十九条　破产程序终结后，破产企业的账册、文书等卷宗材料由清算组移交破产企业上级主管机关保存；无上级主管机关的，由破产企业的开办人或者股东保存。

十四、其　　　他

第一百条　人民法院在审理企业破产案件中，发现破产企业的原法定代表人或者直接责任人员有企业破产法第三十五条所列行为的，应当向有关部门建议，对该法定代表人或者直接责任人员给予行政处分；涉嫌犯罪的，应当将有关材料移送相关国家机关处理。

第一百零一条　破产企业有企业破产法第三十五条所列行为，致使企业财产无法收回，造成实际损失的，清算组可以对破产企业的原法定代表人、直接责任人员提起民事诉讼，要求其承担民事赔偿责任。

第一百零二条　人民法院受理企业破产案件后，发现企业有巨额财产下落不明的，应当将有关涉嫌犯罪的情况和材料，移送相关国家机关处理。

第一百零三条　人民法院可以建议有关部门对破产企业的主要责任人员限制其再行开办企业，在法定期限内禁止其担任公司的董事、监事、经理。

第一百零四条　最高人民法院发现各级人民法院，或者上级人民法院发现下级人民法院在破产程序中作出的裁定确有错误的，应当通知其纠正；不予纠正的，可以裁定指令下级人民法院重新作出裁定。

第一百零五条　纳入国家计划调整的企业破产案件，除适用本规定外，还应当适用国家有关企业破产的相关规定。

第一百零六条　本规定自 2002 年 9 月 1 日起施行。在本规定发布前制定的有关审理企业破产案件的司法解释，与本规定相抵触的，不再适用。

最高人民法院关于审理
企业破产案件指定管理人的规定

（2007 年 4 月 4 日最高人民法院审判委员会第 1422 次会议通过　2007 年 4 月 12 日最高人民法院公告公布　自 2007 年 6 月 1 日起施行　法释〔2007〕8 号）

为公平、公正审理企业破产案件，保证破产审判工作依法顺利进行，促进管理人制度的完善和发展，根据《中华人民共和国企业破产法》的规定，制定本规定。

一、管理人名册的编制

第一条　人民法院审理企业破产案件应当指定管理人。除企业破产法和本规定另有规定外，管理人应当从管理人名册中指定。

第二条　高级人民法院应当根据本辖区律师事务所、会计师事务所、破产清算事务所等社会中介机构及专职从业人员数量和企业破产案件数量，确定由本院或者所辖中级人民法院编制管理人名册。

人民法院应当分别编制社会中介机构管理人名册和个人管理人名册。由直辖市以外的高级人民法院编制的管理人名册中，应当注明社会中介机构和个人所属中级人民法院辖区。

第三条　符合企业破产法规定条件的社会中介机构及其具备相关专业知识并取得执业资格的人员，均可申请编入管理人名册。已被编入机构管理人名册的社会中介机构中，具备相关专业知识并取得执业资格的人员，可以申请编入个人管理人名册。

第四条 社会中介机构及个人申请编入管理人名册的，应当向所在地区编制管理人名册的人民法院提出，由该人民法院予以审定。

人民法院不受理异地申请，但异地社会中介机构在本辖区内设立的分支机构提出申请的除外。

第五条 人民法院应当通过本辖区有影响的媒体就编制管理人名册的有关事项进行公告。公告应当包括以下内容：

（一）管理人申报条件；

（二）应当提交的材料；

（三）评定标准、程序；

（四）管理人的职责以及相应的法律责任；

（五）提交申报材料的截止时间；

（六）人民法院认为应当公告的其他事项。

第六条 律师事务所、会计师事务所申请编入管理人名册的，应当提供下列材料：

（一）执业证书、依法批准设立文件或者营业执照；

（二）章程；

（三）本单位专职从业人员名单及其执业资格证书复印件；

（四）业务和业绩材料；

（五）行业自律组织对所提供材料真实性以及有无被行政处罚或者纪律处分情况的证明；

（六）人民法院要求的其他材料。

第七条 破产清算事务所申请编入管理人名册的，应当提供以下材料：

（一）营业执照或者依法批准设立的文件；

（二）本单位专职从业人员的法律或者注册会计师资格证书，或者经营管理经历的证明材料；

（三）业务和业绩材料；

（四）能够独立承担民事责任的证明材料；

（五）行业自律组织对所提供材料真实性以及有无被行政处罚或者纪律处分情况的证明，或者申请人就上述情况所作的真实性声明；

（六）人民法院要求的其他材料。

第八条 个人申请编入管理人名册的，应当提供下列材料：

（一）律师或者注册会计师执业证书复印件以及执业年限证明；

（二）所在社会中介机构同意其担任管理人的函件；

（三）业务专长及相关业绩材料；

（四）执业责任保险证明；

（五）行业自律组织对所提供材料真实性以及有无被行政处罚或者纪律处分情况的证明；

（六）人民法院要求的其他材料。

第九条 社会中介机构及个人具有下列情形之一的，人民法院可以适用企业破产法第二十四条第三款第四项的规定：

（一）因执业、经营中故意或者重大过失行为，受到行政机关、监管机构或者行业自律组织行政处罚或者纪律处分之日起未逾三年；

（二）因涉嫌违法行为正被相关部门调查；

（三）因不适当履行职务或者拒绝接受人民法院指定等原因，被人民法院从管理人名册除名之日起未逾三年；

（四）缺乏担任管理人所应具备的专业能力；

（五）缺乏承担民事责任的能力；

（六）人民法院认为可能影响履行管理人职责的其他情形。

第十条 编制管理人名册的人民法院应当组成专门的评审委员会，决定编入管理人名册的社会中介机构和个人名单。评审委员会成员应不少于七人。

人民法院应当根据本辖区社会中介机构以及社会中介机构中个人的实际情况，结合其执业业绩、能力、专业水准、社会中介机构的规模、办理企业破产案件的经验等因素制定管理人评定标准，由评审委员会根据申报人的具体情况评定其综合分数。

人民法院根据评审委员会评审结果，确定管理人初审名册。

第十一条　人民法院应当将管理人初审名册通过本辖区有影响的媒体进行公示，公示期为十日。

对于针对编入初审名册的社会中介机构和个人提出的异议，人民法院应当进行审查。异议成立、申请人确不宜担任管理人的，人民法院应将该社会中介机构或者个人从管理人初审名册中删除。

第十二条　公示期满后，人民法院应审定管理人名册，并通过全国有影响的媒体公布，同时逐级报最高人民法院备案。

第十三条　人民法院可以根据本辖区的实际情况，分批确定编入管理人名册的社会中介机构及个人。

编制管理人名册的全部资料应当建立档案备查。

第十四条　人民法院可以根据企业破产案件受理情况、管理人履行职务以及管理人资格变化等因素，对管理人名册适时进行调整。新编入管理人名册的社会中介机构和个人应当按照本规定的程序办理。

人民法院发现社会中介机构或者个人有企业破产法第二十四条第三款规定情形的，应当将其从管理人名册中除名。

二、管理人的指定

第十五条　受理企业破产案件的人民法院指定管理人，一般应从本地管理人名册中指定。

对于商业银行、证券公司、保险公司等金融机构以及在全国范围内有重大影响、法律关系复杂、债务人财产分散的企业破产案件，人民法院可以从所在地区高级人民法院编制的管理人名册列明的其他地区管理人或者异地人民法院编制的管理人名册中指定管理人。

第十六条　受理企业破产案件的人民法院，一般应指定管理人名册中的社会中介机构担任管理人。

第十七条　对于事实清楚、债权债务关系简单、债务人财产相对集中的企业破产案件，人民法院可以指定管理人名册中的个人为管理人。

第十八条　企业破产案件有下列情形之一的，人民法院可以指定清算组为管理人：

（一）破产申请受理前，根据有关规定已经成立清算组，人民法院认为符合本规定第十九条的规定；

（二）审理企业破产法第一百三十三条规定的案件；

（三）有关法律规定企业破产时成立清算组；

（四）人民法院认为可以指定清算组为管理人的其他情形。

第十九条　清算组为管理人的，人民法院可以从政府有关部门、编入管理人名册的社会中介机构、金融资产管理公司中指定清算组成员，人民银行及金融监督管理机构可以按照有关法律和行政法规的规定派人参加清算组。

第二十条　人民法院一般应当按照管理人名册所列名单采取轮候、抽签、摇号等随机方式公开指定管理人。

第二十一条　对于商业银行、证券公司、保险公司等金融机构或者在全国范围有重大影响、法律关系复杂、债务人财产分散的企业破产案件，人民法院可以采取公告的方式，邀请编入各地人民法院管理人名册中的社会中介机构参与竞争，从参与竞争的社会中介机构中指定管理人。参与竞争的社会中介机构不得少于三家。

采取竞争方式指定管理人的，人民法院应当组成专门的评审委员会。

评审委员会应当结合案件的特点，综合考量社会中介机构的专业水准、经验、机构规模、初步报价等因素，从参与竞争的社会中介机构中择优指定管理人。被指定为管理人的社会中介机构应经评审委员会成员二分之一以上通过。

采取竞争方式指定管理人的，人民法院应当确定一至两名备选社会中介机构，作为需要更换管理人时的接替人选。

第二十二条　对于经过行政清理、清算的商业银行、证券公司、保险公司等金融机构的破产案件，人民法院除可以按照本规定第十八条第一项的规定指定管理人外，也可以在金融监督管理机构推荐的已编入管理人名册的社会中介机构中指定管理人。

第二十三条　社会中介机构、清算组成员有下列情形之一，可能影响其忠实履行管理人职责的，人民法院可以认定为企业破产法第二十四条第三款第三项规定的利害关系：

（一）与债务人、债权人有未了结的债权债务关系；

（二）在人民法院受理破产申请前三年内，曾为债务人提供相对固定的中介服务；

（三）现在是或者在人民法院受理破产申请前三年内曾经是债务人、债权人的控股股东或者实际控制人；

（四）现在担任或者在人民法院受理破产申请前三年内曾经担任债务人、债权人的财务顾问、法律顾问；

（五）人民法院认为可能影响其忠实履行管理人职责的其他情形。

第二十四条　清算组成员的派出人员、社会中介机构的派出人员、个人管理人有下列情形之一，可能影响其忠实履行管理人职责的，可以认定为企业破产法第二十四条第三款第三项规定的利害关系：

（一）具有本规定第二十三条规定情形；

（二）现在担任或者在人民法院受理破产申请前三年内曾经担任债务人、债权人的董事、监事、高级管理人员；

（三）与债权人或者债务人的控股股东、董事、监事、高级管理人员存在夫妻、直系血亲、三代以内旁系血亲或者近姻亲关系；

（四）人民法院认为可能影响其公正履行管理人职责的其他情形。

第二十五条　在进入指定管理人程序后，社会中介机构或者个人发现与本案有利害关系的，应主动申请回避并向人民法院书面说明情况。人民法院认为社会中介机构或者个人与本案有利害关系的，不应指定该社会中介机构或者个人为本案管理人。

第二十六条　社会中介机构或者个人有重大债务纠纷或者因涉嫌违法行为正被相关部门调查的，人民法院不应指定该社会中介机构或者个人为本案管理人。

第二十七条　人民法院指定管理人应当制作决定书，并向被指定为管理人的社会中介机构或者个人、破产申请人、债务人、债务人的企业登记机关送达。决定书应与受理破产申请的民事裁定书一并公告。

第二十八条　管理人无正当理由，不得拒绝人民法院的指定。

管理人一经指定，不得以任何形式将管理人应当履行的职责全部或者部分转给其他社会中介机构或者个人。

第二十九条　管理人凭指定管理人决定书按照国家有关规定刻制管理人印章，并交人民法院封样备案后启用。

管理人印章只能用于所涉破产事务。管理人根据企业破产法第一百二十二条规定终止执行职务后，应当将管理人印章交公安机关销毁，并将销毁的证明送交人民法院。

第三十条　受理企业破产案件的人民法院应当将指定管理人过程中形成的材料存入企业破产案件卷宗，债权人会议或者债权人委员会有权查阅。

三、管理人的更换

第三十一条　债权人会议根据企业破产法第二十二条第二款的规定申请更换管理人的，应由债权人会议作出决议并向人民法院提出书面申请。

人民法院在收到债权人会议的申请后，应当通知管理人在两日内作出书面说明。

第三十二条　人民法院认为申请理由不成立的，应当自收到管理人书面说明之日起十日内作出驳回申请的决定。

人民法院认为申请更换管理人的理由成立的，应当自收到管理人书面说明之日起十日内作出更换管理人的决定。

第三十三条　社会中介机构管理人有下列情形之一的，人民法院可以根据债权人会议的申请或者依职权迳行决定更换管理人：

（一）执业许可证或者营业执照被吊销或者注销；

（二）出现解散、破产事由或者丧失承担执业责任风险的能力；

（三）与本案有利害关系；

（四）履行职务时，因故意或者重大过失导致债权人利益受到损害；

（五）有本规定第二十六条规定的情形。

清算组成员参照适用前款规定。

第三十四条　个人管理人有下列情形之一的，人民法院可以根据债权人会议的申请或者依职权迳行决定更换管理人：

（一）执业资格被取消、吊销；

（二）与本案有利害关系；

（三）履行职务时，因故意或者重大过失导致债权人利益受到损害；

（四）失踪、死亡或者丧失民事行为能力；

（五）因健康原因无法履行职务；

（六）执业责任保险失效；

（七）有本规定第二十六条规定的情形。

清算组成员的派出人员、社会中介机构的派出人员参照适用前款规定。

第三十五条　管理人无正当理由申请辞去职务的，人民法院不予许可。正当理由的认定，可参照适用本规定第三十三条、第三十四条规定的情形。

第三十六条　人民法院对管理人申请辞去职务未予许可，管理人仍坚持辞去职务并不再履行管理人职责的，人民法院应当决定更换管理人。

第三十七条 人民法院决定更换管理人的，原管理人应当自收到决定书之次日起，在人民法院监督下向新任管理人移交全部资料、财产、营业事务及管理人印章，并及时向新任管理人书面说明工作进展情况。原管理人不能履行上述职责的，新任管理人可以直接接管相关事务。

在破产程序终结前，原管理人应当随时接受新任管理人、债权人会议、人民法院关于其履行管理人职责情况的询问。

第三十八条 人民法院决定更换管理人的，应将决定书送达原管理人、新任管理人、破产申请人、债务人以及债务人的企业登记机关，并予公告。

第三十九条 管理人申请辞去职务未获人民法院许可，但仍坚持辞职并不再履行管理人职责，或者人民法院决定更换管理人后，原管理人拒不向新任管理人移交相关事务，人民法院可以根据企业破产法第一百三十条的规定和具体情况，决定对管理人罚款。对社会中介机构为管理人的罚款 5 万元至 20 万元人民币，对个人为管理人的罚款 1 万元至 5 万元人民币。

管理人有前款规定行为或者无正当理由拒绝人民法院指定的，编制管理人名册的人民法院可以决定停止其担任管理人一年至三年，或者将其从管理人名册中除名。

第四十条 管理人不服罚款决定的，可以向上一级人民法院申请复议，上级人民法院应在收到复议申请后五日内作出决定，并将复议结果通知下级人民法院和当事人。

最高人民法院关于审理
企业破产案件确定管理人报酬的规定

（2007 年 4 月 4 日最高人民法院审判委员会第 1422 次
会议通过 2007 年 4 月 12 日最高人民法院公告公布 自
2007 年 6 月 1 日起施行 法释〔2007〕9 号）

为公正、高效审理企业破产案件，规范人民法院确定管理人报
酬工作，根据《中华人民共和国企业破产法》的规定，制定本规定。

第一条 管理人履行企业破产法第二十五条规定的职责，有权
获得相应报酬。

管理人报酬由审理企业破产案件的人民法院依据本规定确定。

第二条 人民法院应根据债务人最终清偿的财产价值总额，在
以下比例限制范围内分段确定管理人报酬：

（一）不超过一百万元（含本数，下同）的，在 12% 以下确定；

（二）超过一百万元至五百万元的部分，在 10% 以下确定；

（三）超过五百万元至一千万元的部分，在 8% 以下确定；

（四）超过一千万元至五千万元的部分，在 6% 以下确定；

（五）超过五千万元至一亿元的部分，在 3% 以下确定；

（六）超过一亿元至五亿元的部分，在 1% 以下确定；

（七）超过五亿元的部分，在 0.5% 以下确定。

担保权人优先受偿的担保物价值，不计入前款规定的财产价值
总额。

高级人民法院认为有必要的，可以参照上述比例在 30% 的浮动
范围内制定符合当地实际情况的管理人报酬比例限制范围，并通过
当地有影响的媒体公告，同时报最高人民法院备案。

第三条 人民法院可以根据破产案件的实际情况，确定管理人

分期或者最后一次性收取报酬。

第四条　人民法院受理企业破产申请后，应当对债务人可供清偿的财产价值和管理人的工作量作出预测，初步确定管理人报酬方案。管理人报酬方案应当包括管理人报酬比例和收取时间。

第五条　人民法院采取公开竞争方式指定管理人的，可以根据社会中介机构提出的报价确定管理人报酬方案，但报酬比例不得超出本规定第二条规定的限制范围。

上述报酬方案一般不予调整，但债权人会议异议成立的除外。

第六条　人民法院应当自确定管理人报酬方案之日起三日内，书面通知管理人。

管理人应当在第一次债权人会议上报告管理人报酬方案内容。

第七条　管理人、债权人会议对管理人报酬方案有意见的，可以进行协商。双方就调整管理人报酬方案内容协商一致的，管理人应向人民法院书面提出具体的请求和理由，并附相应的债权人会议决议。

人民法院经审查认为上述请求和理由不违反法律和行政法规强制性规定，且不损害他人合法权益的，应当按照双方协商的结果调整管理人报酬方案。

第八条　人民法院确定管理人报酬方案后，可以根据破产案件和管理人履行职责的实际情况进行调整。

人民法院应当自调整管理人报酬方案之日起三日内，书面通知管理人。管理人应当自收到上述通知之日起三日内，向债权人委员会或者债权人会议主席报告管理人报酬方案调整内容。

第九条　人民法院确定或者调整管理人报酬方案时，应当考虑以下因素：

（一）破产案件的复杂性；

（二）管理人的勤勉程度；

（三）管理人为重整、和解工作做出的实际贡献；

（四）管理人承担的风险和责任；

（五）债务人住所地居民可支配收入及物价水平；

（六）其他影响管理人报酬的情况。

第十条　最终确定的管理人报酬及收取情况，应列入破产财产分配方案。在和解、重整程序中，管理人报酬方案内容应列入和解协议草案或重整计划草案。

第十一条　管理人收取报酬，应当向人民法院提出书面申请。申请书应当包括以下内容：

（一）可供支付报酬的债务人财产情况；

（二）申请收取报酬的时间和数额；

（三）管理人履行职责的情况。

人民法院应当自收到上述申请书之日起十日内，确定支付管理人的报酬数额。

第十二条　管理人报酬从债务人财产中优先支付。

债务人财产不足以支付管理人报酬和管理人执行职务费用的，管理人应当提请人民法院终结破产程序。但债权人、管理人、债务人的出资人或者其他利害关系人愿意垫付上述报酬和费用的，破产程序可以继续进行。

上述垫付款项作为破产费用从债务人财产中向垫付人随时清偿。

第十三条　管理人对担保物的维护、变现、交付等管理工作付出合理劳动的，有权向担保权人收取适当的报酬。管理人与担保权人就上述报酬数额不能协商一致的，人民法院应当参照本规定第二条规定的方法确定，但报酬比例不得超出该条规定限制范围的10%。

第十四条　律师事务所、会计师事务所通过聘请本专业的其他社会中介机构或者人员协助履行管理人职责的，所需费用从其报酬中支付。

破产清算事务所通过聘请其他社会中介机构或者人员协助履行管理人职责的，所需费用从其报酬中支付。

第十五条　清算组中有关政府部门派出的工作人员参与工作的不收取报酬。其他机构或人员的报酬根据其履行职责的情况确定。

第十六条　管理人发生更换的，人民法院应当分别确定更换前后的管理人报酬。其报酬比例总和不得超出本规定第二条规定的限制范围。

第十七条 债权人会议对管理人报酬有异议的，应当向人民法院书面提出具体的请求和理由。异议书应当附有相应的债权人会议决议。

第十八条 人民法院应当自收到债权人会议异议书之日起三日内通知管理人。管理人应当自收到通知之日起三日内作出书面说明。

人民法院认为有必要的，可以举行听证会，听取当事人意见。

人民法院应当自收到债权人会议异议书之日起十日内，就是否调整管理人报酬问题书面通知管理人、债权人委员会或者债权人会议主席。

最高人民法院关于破产企业
国有划拨土地使用权应否列入
破产财产等问题的批复

（2003 年 4 月 16 日法释〔2003〕6 号公布　2020 年 12 月 29 日法释〔2020〕18 号修正）

湖北省高级人民法院：

你院鄂高法〔2002〕158 号《关于破产企业国有划拨土地使用权应否列入破产财产以及有关抵押效力认定等问题的请示》收悉。经研究，答复如下：

一、根据《中华人民共和国土地管理法》第五十八条第一款第（三）项及《城镇国有土地使用权出让和转让暂行条例》第四十七条的规定，破产企业以划拨方式取得的国有土地使用权不属于破产财产，在企业破产时，有关人民政府可以予以收回，并依法处置。纳入国家兼并破产计划的国有企业，其依法取得的国有土地使用权，应依据国务院有关文件规定办理。

二、企业对其以划拨方式取得的国有土地使用权无处分权，以该土地使用权设定抵押，未经有审批权限的人民政府或土地行政管理部门批准的，不影响抵押合同效力；履行了法定的审批手续，并依法办理抵押登记的，抵押权自登记时设立。根据《中华人民共和国城市房地产管理法》第五十一条的规定，抵押权人只有在以抵押标的物折价或拍卖、变卖所得价款缴纳相当于土地使用权出让金的款项后，对剩余部分方可享有优先受偿权。但纳入国家兼并破产计划的国有企业，其用以划拨方式取得的国有土地使用权设定抵押的，应依据国务院有关文件规定办理。

三、国有企业以关键设备、成套设备、建筑物设定抵押的，如无其他法定的无效情形，不应当仅以未经政府主管部门批准为由认定抵押合同无效。

本批复自公布之日起施行，正在审理或者尚未审理的案件，适用本批复，但对提起再审的判决、裁定已经发生法律效力的案件除外。

此复。

最高人民法院关于对《最高人民法院
关于审理企业破产案件若干问题
的规定》第五十六条理解的答复

（2003 年 9 月 9 日　法函〔2003〕46 号）

劳动和社会保障部：

你部 2002 年 12 月 15 日对我院《关于审理企业破产案件若干问题的规定》（以下简称《规定》）第五十六条执行中的有关问题征求意见的函收悉，经研究，答复如下：

一、《规定》第五十六条不适用于纳入国家计划调整的企业破产案件，该类企业破产案件适用国务院国发〔1994〕59 号《关于在若干城市试行国有企业破产有关问题的通知》和国发〔1997〕10 号《关于在若干城市试行国有企业兼并破产和职工再就业有关问题的补充通知》的有关规定。在根据相关规定向破产企业职工发放安置费、经济补偿金后，不再就解除劳动合同补偿金予以补偿。

二、《规定》第五十六条中"依法或者依据劳动合同"的含义是：第一，补偿金的数额应当依据劳动合同的约定，劳动合同中没有约定的，则应依照法律、法规、参照部门规章的相关规定予以补偿。第二，如果劳动合同约定的补偿金或者根据有关规定确定的补偿金额过低或者过高，清算组可以根据有关规定进行调整。调整的标准，应当以破产企业正常生产经营状况下职工十二个月的月平均工资为基数计算补偿金额；第三，清算组调整后，企业的工会、职工个人认为补偿金仍然过低的，可以向受理破产案件的人民法院提出变更申请；债权人会议对清算组确定的职工补偿金有异议的，按《规定》第四十四条规定的程序进行。

此复。

最高人民法院对《关于审理企业破产案件若干问题的规定》第三十八条、第四十四条第二款的理解与适用的请示的答复

(2004 年 2 月 3 日　〔2003〕民二他字第 64 号)

湖北省高级人民法院：

你院鄂高法〔2003〕389 号请示收悉。我庭研究认为，《关于审理企业破产案件若干问题的规定》（以下简称《规定》）第三十八条和第四十四条第二款规定的申诉程序，是最高法院在法律没有具

体规定时，根据法律的精神和现实的需要，探索如何完善上级法院对下级法院审理企业破产案件进行审判监督的具体体现。鉴于此种申诉程序尚在探索阶段，我庭谨提供如下意见供参考：

一、人民法院作出破产宣告裁定依法应当进行公告，鉴于破产宣告裁定对破产程序当事人影响较大，也仅要求在人民法院公告栏进行公告，因此人民法院在破产宣告裁定作出当日即应当进行公告，公告之日即裁定之日。《规定》第三十八条规定债权人或债务人向上级法院进行申诉的申诉期自裁定之日起算，也即从公告之日起算。如人民法院在裁定之日未作公告，而在裁定日后公告的，可酌情考虑自公告之日起算当事人的申诉期。

二、破产案件分配方案经债权人会议两次讨论未通过的，人民法院可以依法作出裁定。由于债权人会议系债权人自治组织，根据破产法的规定享有审查、通过破产财产分配方案的权力，因此，人民法院在债权人会议未通过破产财产分配方案时如以裁定形式通过方案，性质上属于司法对债权人意思自治的干预，因此，人民法院不仅在裁定中要说明裁定的理由，而且应当在债权人会议期间作出裁定并向参加会议的全体债权人宣读，使债权人及时知悉自身权利状态。《规定》第四十四条第二款规定债权人就该裁定向上级法院申诉的期间起算自裁定之日，也即起算自人民法院向参加会议的全体债权人宣读裁定之日。由于人民法院通过破产财产分配方案的裁定无需公告，也无需送达债权人（债权人人数众多时也无法送达），因此，在债权人会议期间宣读裁定应当是必要的。

司法实践中，有的法院不在债权人会议期间进行裁定，而是在债权人会议后通过书面审理进行，并且裁定后也不送达，确实存在不利于债权人维护自身权利的情况。对于此种情况如何进行救济尚有待探索，但从程序上要求人民法院在债权人会议期间作出裁定并向参加会议的全体债权人宣读裁定，是避免出现上述情况的重要保证，各级人民法院应当予以充分重视。

此复。

最高人民法院关于企业破产案件信息公开的规定（试行）

（2016 年 7 月 26 日　法〔2016〕19 号）

为提升破产案件审理的透明度和公信力，根据《中华人民共和国企业破产法》《中华人民共和国民事诉讼法》，结合人民法院工作实际，就破产案件信息公开问题，制定本规定。

第一条　最高人民法院设立全国企业破产重整案件信息网（以下简称破产重整案件信息网），破产案件（包括破产重整、破产清算、破产和解案件）审判流程信息以及公告、法律文书、债务人信息等与破产程序有关的信息统一在破产重整案件信息网公布。

人民法院以及人民法院指定的破产管理人应当使用破产重整案件信息网及时披露破产程序有关信息。

第二条　破产案件信息公开以公开为原则，以不公开为例外。凡是不涉及国家秘密、个人隐私的信息均应依法公开。涉及商业秘密的债务人信息，在不损害债权人和债务人合法权益的情况下，破产管理人可以通过与重整投资人的协议向重整投资人公开。

第三条　人民法院依法公开破产案件的以下信息：

（一）审判流程节点信息；

（二）破产程序中人民法院发布的各类公告；

（三）人民法院制作的破产程序法律文书；

（四）人民法院认为应当公开的其他信息。

第四条　破产管理人依法公开破产案件的以下信息：

（一）债务人信息；

（二）征集、招募重整投资人的公告；

（三）破产管理人工作节点信息；

（四）破产程序中破产管理人发布的其他公告；

（五）破产管理人制作的破产程序法律文书；

（六）人民法院裁定批准的重整计划、认可的破产财产分配方案、和解协议。

破产管理人认为应当公开的其他信息，经人民法院批准可以公开。

第五条 破产管理人应当通过破产重整案件信息网及时公开下列债务人信息：

（一）工商登记信息；

（二）最近一年的年度报告；

（三）最近一年的资产负债表；

（四）涉及的诉讼、仲裁案件的基本信息。

第六条 重整投资人可以通过破产重整案件信息网与破产管理人互动交流。破产管理人可以根据与重整投资人的协议向重整投资人公开下列债务人信息：

（一）资产、经营状况信息；

（二）涉及的诉讼、仲裁案件的详细信息；

（三）重整投资人需要的其他信息。

第七条 人民法院、破产管理人可以在破产重整案件信息网发布破产程序有关公告。

人民法院、破产管理人在其他媒体发布公告的，同时要在破产重整案件信息网发布公告。人民法院、破产管理人在破产重整案件信息网发布的公告具有法律效力。

第八条 经受送达人同意，人民法院可以通过破产重整案件信息网以电子邮件、移动通信等能够确认其收悉的方式送达破产程序有关法律文书，但裁定书除外。

采用前款方式送达的，以电子邮件、移动通信等到达受送达人特定系统的日期为送达日期。

第九条 申请人可以在破产重整案件信息网实名注册后申请预

约立案并提交有关材料的电子文档。人民法院审查通过后，应当通知申请人到人民法院立案窗口办理立案登记。

第十条 债权人可以在破产重整案件信息网实名注册后申报债权并提交有关证据的电子文档，网上申报债权与其他方式申报债权具有同等法律效力。

债权人向破产管理人书面申报债权的，破产管理人应当将债权申报书及有关证据的电子文档上传破产重整案件信息网。

第十一条 人民法院、破产管理人可以在破产重整案件信息网召集债权人会议并表决有关事项。网上投票形成的表决结果与现场投票形成的表决结果具有同等法律效力。

债权人可以选择现场投票或者网上投票，但选择后不能再采用其他方式进行投票，采用其他方式进行投票的，此次投票无效。

第十二条 人民法院审理的公司强制清算案件应当参照适用本规定。

第十三条 本规定自 2016 年 8 月 1 日起施行。本规定施行后受理的破产案件以及施行前尚未审结的破产案件应当适用本规定。

最高人民法院关于《中华人民共和国企业破产法》施行时尚未审结的企业破产案件适用法律若干问题的规定

（2007 年 4 月 23 日最高人民法院审判委员会第 1425 次会议通过 2007 年 4 月 25 日最高人民法院公告公布 自 2007 年 6 月 1 日起施行 法释〔2007〕10 号）

为正确适用《中华人民共和国企业破产法》，对人民法院审理企业破产法施行前受理的、施行时尚未审结的企业破产案件具体适用法律问题，规定如下：

第一条　债权人、债务人或者出资人向人民法院提出重整或者和解申请，符合下列条件之一的，人民法院应予受理：

（一）债权人申请破产清算的案件，债务人或者出资人于债务人被宣告破产前提出重整申请，且符合企业破产法第七十条第二款的规定；

（二）债权人申请破产清算的案件，债权人于债务人被宣告破产前提出重整申请，且符合企业破产法关于债权人直接向人民法院申请重整的规定；

（三）债务人申请破产清算的案件，债务人于被宣告破产前提出重整申请，且符合企业破产法关于债务人直接向人民法院申请重整的规定；

（四）债务人依据企业破产法第九十五条的规定申请和解。

第二条　清算组在企业破产法施行前未通知或者答复未履行完毕合同的对方当事人解除或者继续履行合同的，从企业破产法施行之日起计算，在该法第十八条第一款规定的期限内未通知或者答复的，视为解除合同。

第三条　已经成立清算组的，企业破产法施行后，人民法院可以指定该清算组为管理人。

尚未成立清算组的，人民法院应当依照企业破产法和《最高人民法院关于审理企业破产案件指定管理人的规定》及时指定管理人。

第四条　债权人主张对债权债务抵销的，应当符合企业破产法第四十条规定的情形；但企业破产法施行前，已经依据有关法律规定抵销的除外。

第五条　对于尚未清偿的破产费用，应当按企业破产法第四十一条和第四十二条的规定区分破产费用和共益债务，并依据企业破产法第四十三条的规定清偿。

第六条　人民法院尚未宣告债务人破产的，应当适用企业破产法第四十六条的规定确认债权利息；已经宣告破产的，依据企业破产法施行前的法律规定确认债权利息。

第七条　债权人已经向人民法院申报债权的，由人民法院将相关申报材料移交给管理人；尚未申报的，债权人应当直接向管理人申报。

第八条　债权人未在人民法院确定的债权申报期内向人民法院申报债权的，可以依据企业破产法第五十六条的规定补充申报。

第九条　债权人对债权表记载债权有异议，向受理破产申请的人民法院提起诉讼的，人民法院应当依据企业破产法第二十一条和第五十八条的规定予以受理。但人民法院对异议债权已经作出裁决的除外。

债权人就争议债权起诉债务人，要求其承担偿还责任的，人民法院应当告知该债权人变更其诉讼请求为确认债权。

第十条　债务人的职工就清单记载有异议，向受理破产申请的人民法院提起诉讼的，人民法院应当依据企业破产法第二十一条和第四十八条的规定予以受理。但人民法院对异议债权已经作出裁决的除外。

第十一条　有财产担保的债权人未放弃优先受偿权利的，对于企业破产法第六十一条第一款第七项、第十项规定以外的事项享有表决权。但该债权人对于企业破产法施行前已经表决的事项主张行使表决权，或者以其未行使表决权为由请求撤销债权人会议决议的，人民法院不予支持。

第十二条　债权人认为债权人会议的决议违反法律规定，损害其利益，向人民法院请求撤销该决议，裁定尚未作出的，人民法院应当依据企业破产法第六十四条的规定作出裁定。

第十三条　债权人对于财产分配方案的裁定不服，已经申诉的，由上一级人民法院依据申诉程序继续审理；企业破产法施行后提起申诉的，人民法院应当告知其依据企业破产法第六十六条的规定申请复议。

债权人对于人民法院作出的债务人财产管理方案的裁定或者破

产财产变价方案的裁定不服，向受理破产申请的人民法院申请复议的，人民法院应当依据企业破产法第六十六条的规定予以受理。

债权人或者债务人对破产宣告裁定有异议，已经申诉的，由上一级人民法院依据申诉程序继续审理；企业破产法施行后提起申诉的，人民法院不予受理。

第十四条 企业破产法施行后，破产人的职工依据企业破产法第一百三十二条的规定主张权利的，人民法院应予支持。

第十五条 破产人所欠董事、监事和高级管理人员的工资，应当依据企业破产法第一百一十三条第三款的规定予以调整。

第十六条 本规定施行前本院作出的有关司法解释与本规定相抵触的，人民法院审理尚未审结的企业破产案件不再适用。

最高人民法院关于债权人
对人员下落不明或者财产状况
不清的债务人申请破产清算
案件如何处理的批复

（2008 年 8 月 7 日　法释〔2008〕10 号）

贵州省高级人民法院：

你院《关于企业法人被吊销营业执照后，依法负有清算责任的人未向法院申请破产，债权人是否可以申请被吊销营业执照的企业破产的请示》（（2007）黔高民二破请终字 1 号）收悉。经研究，批复如下：

债权人对人员下落不明或者财产状况不清的债务人申请破产清算，符合企业破产法规定的，人民法院应依法予以受理。债务人能否依据企业破产法第十一条第二款的规定向人民法院提交财产状况说明、债权债务清册等相关材料，并不影响对债权人申请的受理。

人民法院受理上述破产案件后，应当依据企业破产法的有关规定指定管理人追收债务人财产；经依法清算，债务人确无财产可供分配的，应当宣告债务人破产并终结破产程序；破产程序终结后二年内发现有依法应当追回的财产或者有应当供分配的其他财产的，债权人可以请求人民法院追加分配。

债务人的有关人员不履行法定义务，人民法院可依据有关法律规定追究其相应法律责任；其行为导致无法清算或者造成损失，有关权利人起诉请求其承担相应民事责任的，人民法院应依法予以支持。

此复。

最高人民法院关于执行案件
移送破产审查若干问题的指导意见

（2017 年 1 月 20 日　法发〔2017〕2 号）

推进执行案件移送破产审查工作，有利于健全市场主体救治和退出机制，有利于完善司法工作机制，有利于化解执行积案，是人民法院贯彻中央供给侧结构性改革部署的重要举措，是当前和今后一段时期人民法院服务经济社会发展大局的重要任务。为促进和规范执行案件移送破产审查工作，保障执行程序与破产程序的有序衔接，根据《中华人民共和国企业破产法》《中华人民共和国民事诉讼法》《最高人民法院关于适用〈中华人民共和国民事诉讼法〉的解释》等规定，现对执行案件移送破产审查的若干问题提出以下意见。

一、执行案件移送破产审查的工作原则、条件与管辖

1. 执行案件移送破产审查工作，涉及执行程序与破产程序之间的转换衔接，不同法院之间、同一法院内部执行部门、立案部门、破产审判部门之间，应坚持依法有序、协调配合、高效便捷的工作原则，防止推诿扯皮，影响司法效率，损害当事人合法权益。

2. 执行案件移送破产审查，应同时符合下列条件：

（1）被执行人为企业法人；

（2）被执行人或者有关被执行人的任何一个执行案件的申请执行人书面同意将执行案件移送破产审查；

（3）被执行人不能清偿到期债务，并且资产不足以清偿全部债务或者明显缺乏清偿能力。

3. 执行案件移送破产审查，由被执行人住所地人民法院管辖。在级别管辖上，为适应破产审判专业化建设的要求，合理分配审判任务，实行以中级人民法院管辖为原则、基层人民法院管辖为例外的管辖制度。中级人民法院经高级人民法院批准，也可以将案件交由具备审理条件的基层人民法院审理。

二、执行法院的征询、决定程序

4. 执行法院在执行程序中应加强对执行案件移送破产审查有关事宜的告知和征询工作。执行法院采取财产调查措施后，发现作为被执行人的企业法人符合破产法第二条规定的，应当及时询问申请执行人、被执行人是否同意将案件移送破产审查。申请执行人、被执行人均不同意移送且无人申请破产的，执行法院应当按照《最高人民法院关于适用〈中华人民共和国民事诉讼法〉的解释》第五百一十六条的规定处理，企业法人的其他已经取得执行依据的债权人申请参与分配的，人民法院不予支持。

5. 执行部门应严格遵守执行案件移送破产审查的内部决定程序。承办人认为执行案件符合移送破产审查条件的，应提出审查意见，经合议庭评议同意后，由执行法院院长签署移送决定。

6. 为减少异地法院之间移送的随意性，基层人民法院拟将执行案件移送异地中级人民法院进行破产审查的，在作出移送决定前，应先报请其所在地中级人民法院执行部门审核同意。

7. 执行法院作出移送决定后，应当于五日内送达申请执行人和被执行人。申请执行人或被执行人对决定有异议的，可以在受移送法院破产审查期间提出，由受移送法院一并处理。

8. 执行法院作出移送决定后，应当书面通知所有已知执行法院，执行法院均应中止对被执行人的执行程序。但是，对被执行人的季节性商品、鲜活、易腐烂变质以及其他不宜长期保存的物品，执行法院应当及时变价处置，处置的价款不作分配。受移送法院裁定受理破产案件的，执行法院应当在收到裁定书之日起七日内，将该价款移交受理破产案件的法院。

案件符合终结本次执行程序条件的，执行法院可以同时裁定终结本次执行程序。

9. 确保对被执行人财产的查封、扣押、冻结措施的连续性，执行法院决定移送后、受移送法院裁定受理破产案件之前，对被执行人的查封、扣押、冻结措施不解除。查封、扣押、冻结期限在破产审查期间届满的，申请执行人可以向执行法院申请延长期限，由执行法院负责办理。

三、移送材料及受移送法院的接收义务

10. 执行法院作出移送决定后，应当向受移送法院移送下列材料：

（1）执行案件移送破产审查决定书；

（2）申请执行人或被执行人同意移送的书面材料；

（3）执行法院采取财产调查措施查明的被执行人的财产状况、已查封、扣押、冻结财产清单及相关材料；

（4）执行法院已分配财产清单及相关材料；

（5）被执行人债务清单；

（6）其他应当移送的材料。

11. 移送的材料不完备或内容错误，影响受移送法院认定破产原因是否具备的，受移送法院可以要求执行法院补齐、补正，执行法院应于十日内补齐、补正。该期间不计入受移送法院破产审查的期间。

受移送法院需要查阅执行程序中的其他案件材料，或者依法委托执行法院办理财产处置等事项的，执行法院应予协助配合。

12. 执行法院移送破产审查的材料，由受移送法院立案部门负责接收。受移送法院不得以材料不完备等为由拒绝接收。立案部门经审核认为移送材料完备的，应以"破申"作为案件类型代字编制案号登记立案，并及时将案件移送破产审判部门进行破产审查。破产审判部门在审查过程中发现本院对案件不具有管辖权的，应当按照《中华人民共和国民事诉讼法》第三十六条的规定处理。

四、受移送法院破产审查与受理

13. 受移送法院的破产审判部门应当自收到移送的材料之日起三十日内作出是否受理的裁定。受移送法院作出裁定后，应当在五日内送达申请执行人、被执行人，并送交执行法院。

14. 申请执行人申请或同意移送破产审查的，裁定书中以该申请执行人为申请人，被执行人为被申请人；被执行人申请或同意移送破产审查的，裁定书中以该被执行人为申请人；申请执行人、被执行人均同意移送破产审查的，双方均为申请人。

15. 受移送法院裁定受理破产案件的，在此前的执行程序中产生的评估费、公告费、保管费等执行费用，可以参照破产费用的规定，从债务人财产中随时清偿。

16. 执行法院收到受移送法院受理裁定后，应当于七日内将已经扣划到账的银行存款、实际扣押的动产、有价证券等被执行人财产移交给受理破产案件的法院或管理人。

17. 执行法院收到受移送法院受理裁定时，已通过拍卖程序处置且成交裁定已送达买受人的拍卖财产，通过以物抵债偿还债务且抵债裁定已送达债权人的抵债财产，已完成转账、汇款、现金交付的执行款，因财产所有权已经发生变动，不属于被执行人的财产，不再移交。